岸朝子の シニア知恵レシピ

朝子流 鍋一つで

「極ウマ・重ね煮」が、あっという間。
野菜や肉がたくさん摂れて、片付けも楽

ネギ豚 ▶P113

①ネギを数本斜め切りにして敷きつめる

②その上に豚肉を並べ、刻みショウガをのせて、酒を振り入れる

蓋をして蒸し煮にすれば出来上がり

白菜のミルフィーユ ▶P113

白菜と薄切りニンジンは同じ長さに揃える。鍋の中に、白菜・豚肉・ニンジンの順で重ねながら詰めていき、最後にトマトを1個真ん中に置く。出汁を少々張り、蓋をして弱火でコトコト……それでOK。

青菜の蒸し煮 ▶P114

鍋に青菜を入れ、ニンニクのスライス、生ハムをのせる。オリーブオイルを回しかけて、蒸し煮にすれば出来上がり

朝子流！

乾物を上手に使う

長く日持ちがするし、常備しておくと助かります。
栄養豊富で、使いたい分だけ水で戻せばいい

高野豆腐の肉巻き ▶P86

①高野豆腐を水で戻す

②豚の薄切り肉を巻く

ごま油で焼きつけ、醤油、みりん、日本酒、砂糖を加えて、ちょっと甘めの照り焼きにする

麩チャンプルー ▶P86

①出汁の素少々を加えた溶き卵の中に、麩を浸けて、戻しておく

②モヤシ、ニラを用意

炒め合わせれば沖縄風の炒め物に。その他の野菜や肉なども適宜加えて

朝子流！ 缶詰を利用して

料理するのが億劫な時、時間の無い時に、缶詰が重宝します

ツナキャベツ ▶P84

①切ったキャベツやピーマンに、ツナ缶を油ごとすべて入れる

さっと炒め合わせれば出来上がり。塩胡椒は適宜

朝子流！ 電子レンジを助っ人に

火を使わなくて済む電子レンジは、高齢者にとって安心な調理器具。使わない手はありません

オニオンフラワー ▶P105

新タマネギに最適。新タマネギ1個につき縦に八つほど深く切り込みを入れる。その上にバターをのせて顆粒コンソメと塩を振りかけ、ラップしてチン!で出来上がり。セルフィーユなどを飾ればパーティ料理にも

白身魚の和風レモン味 ▶P103

皿にワカメやネギを敷き、白身魚の切り身を置く。塩と酒を振りかけ、レモンの輪切りをのせ、ラップしてチン!するだけ。レモンの代わりに梅干しをのせてもオツな味に

朝子流

昆布茶を出汁の代わりに

面倒な出汁をとらなくても、昆布茶を調味料代わりに使うだけで、昆布の旨味が出ておいしい味に

トウモロコシご飯 ▶P97

①米3合につきトウモロコシを1本分（芯も入れる）、昆布茶小さじ1½を入れて炊く

芯も一緒に炊くとおいしさアップ

昆布茶の即席野菜漬け ▶P98

①余り物の野菜を細切りにして、昆布茶を加えてよくもむ

冷蔵庫で1時間冷やしておくと出来上がり

母・岸朝子が楽しんだ90歳のごはん

岸 伸子

幻冬舎

母・岸朝子が楽しんだ90歳のごはん

岸 伸子

幻冬舎

はじめに

二十四年前に父が病気で他界。姉たちはすでに嫁いでおり、弟も結婚して他所《よそ》に所帯を構えていましたから、岸家は母と三女の私の二人暮らしに変わりました。

母は九十一歳まで元気に長生きして、結局、そんな女二人の生活が二十年以上も続いたことになります。

振り返れば、母は仕事に忙しく、私も会社勤めがあったので、いつもなんだか慌ただしい日々だったものの、今もなお脳裏に（舌に？）強く残っているのは、二人でワイワイ食べた美味しいものの記憶です。

実は私は、母譲りの〝食いしんぼ〟で、その点に関してだけは、他の誰よりも母とはピタッと息が合ったのです。

母が台所で腕を振るう時、早く食べたい気持ちを抑えながら、私はその手順をノートに手早くメモしたり、美味しそうな出来上がりを写真に撮ったりもしました。また、家ご飯に飽きると、母が仕事で知った外の料理店へ私を連れていってくれることもあり、そんな時には、母と一緒に暮らしていることの幸運をしみじみ噛みしめたものでした。

母から教わったレシピノートが、いつのまにか何冊も溜まっていき、そうして、母が八十を過ぎた頃のことだったでしょうか。

「私がつくってきた記事は間違いだったかもしれない……」

ある日、問わず語りにポツンとそう母がつぶやきました。

母は長いこと料理雑誌の編集記者を務め、後に編集長となって活躍しました。何が「間違い」だったのか、訳を聞くと、「高齢者向けの料理は、野菜などをすりおろしたり刻んだりして、ユルユル、ドロドロしたレシピばかりを掲載してきた。喉越しがいいからそれが正しいのだと信じて疑わなかったけれども、自分がその高齢者となってみると、それらがどんなに食欲を失わせる味気ない食事かがわかった。年寄りだって歯ごたえのあるものが食べたい」と。

また「〝お年寄りの食事には、肉なら鶏ササミを、魚なら白身がいいでしょう〟などと書いたものだけど、自分がいざそのような年に達してみて、そんなのは勝手な決めつけだと気づいた。八十歳過ぎの今でも私はステーキやロースとんかつを食べているし、食べたいものは自由なの。肉は硬いからお年寄りには無理だ、というのではなく、食べやすい大きさに切ればいいだけのこと。高齢だからアレもダメ、コレもダメということはないのだとわかった」とも。

自分が頑張ってきた過去の仕事に対して、ふと湧き起こってきた懐疑と後悔の念……きっと母にとって胸の痛むことだったに違いありません。

でも、それからの母は、自らの身体《からだ》で試すかのように、いわゆる一般的な老人食（〝ユルユル〟〝ドロドロ〟で形容されるような調理形態）を一切排して、栄養バランスを守りつつ、高齢者にとって真に食べやすくて美味しい調理法と献立を考案し、そうした食事を摂り続けました。

入れ歯に野菜などが引っかかるのは、繊維を断ち切るようにカットすれば防げるし、包丁を持つ手がおぼつかなければ、便利グッズのスライサーやキッチンバサミに助けてもらったっていい。野菜の葉物が生では食べにくいなら、茹《ゆ》でて食べる。その際、良質なタンパクが摂れる肉や魚も薄切りにしてさっと茹で、茹で野菜と調味しながら和《あ》えてしまえば、もう一つおかずの出来上がり。あるいは、それらを蒸すというやり方もアリです。

要は、工夫を凝らす知恵が大事。それさえあれば、高齢者だって、いつまでも美味しいものを心ゆくまで食べてエンジョイできる――。

その考えのもと、最後の最後まで「心も身体も満足する」健康的な食事作りを毎日実践していたのです。

長寿の充実は、食の満足があってこそ。食べたいものを我慢して生きる人生なんて、母には考えられもしないことでした。

「美味しいものを食べて怒る人はいないでしょ。美味しいものを食べれば、人間は心が豊かになり、幸せになるの」

折に触れ、そう言っていた母の言葉が思い出されます。

よく「死ぬ時は〝ピンピンコロリ〟がいい」「やっぱり理想は〝ピンピンコロリ〟だよね」などと、多くの人が口にしますが、母の人生のゴールはまさにそんな感じでした。

驚くことに、亡くなる少し前にも母は好物のステーキを「あぁ美味しい」「あぁ満足」と言いながら食べて、それは潑剌《はつらつ》としていたのです。病気の兆候もまるでなく、美味しいものを食べたいだけ食べて、サッと逝ってしまったのでした。「食通」だとか「美食の達人」だとか呼ばれた面目躍如といったところかもしれませんが、九十過ぎまで長生きして、最期にステーキまでも十分に味わって、「母は幸せ者だ」と家族皆がそう感じました。

もちろん、あとちょっと百歳までは生きてほしかったなという残念さはあるものの、私の手元にたくさん残された母のレシピノートは、まぎれもなく母が元気に楽しく晩年の日々を生きていたことを、雄弁に語ってくれています。

そしてそのノートは、どんどん高齢になっていく私たち家族の食生活を、この先もずっと守ってくれる頼もしい存在です。

ただ、母ならではのユニークなアイデアやコツが満載のこのシニア食事術を、このまま岸家の中だけに留めておくのはもったいない、と、私は思いました。

もっと多くの方々にぜひ教えて差し上げたい――。

そうした気持ちが日ごとに増して、このたび、私が取り溜めたメモやレシピや写真をもとに、本書をまとめることになりました。

超高齢化の日本では、今や六十歳以上が四千万人を突破しているとのこと。そのようなシニア層の方々に、命のぎりぎりまで食を楽しんだ母の知恵や工夫が少しでもお役に立つのなら、それこそ母も喜ぶと思います。

また、自分自身の食事作りに苦労している高齢者ご本人だけでなく、その伴侶の方、あるいは、同居の老親の献立に頭を悩ませている娘さんや息子さんやお嫁さんなどにとっても、本書が強い味方になることができれば、大変嬉しい限りです。

幾冊も溜まっているレシピノート

母・岸朝子が楽しんだ90歳のごはん　目次

第1章

母が普段の食事で気をつけていたこと大切に守っていたこと

第2章

知恵と工夫さえあれば、高齢になっても美味しいものは食べられる

第3章

簡単&美味な90歳のごはん——実践編
母が作っていた料理のコツやアイデア

特別レシピ

今も思い出すあの味 母の得意料理10

カスタードプリン 132
一つの容器で出される大きなプリン！

ポークチョップと粉吹きイモ 134
口のまわりにケチャップをつけながら夢中で食べた

ソーキ骨の汁と雑煮 136
大晦日に母が徹夜ですべて作っていた我が家のおせち

おかかチャーハン 140
我が家の定番チャーハン

ミートソース 143
レストランも負けそうな母の自信作

ネギワンタン 145
子どもの頃は餃子、大人になったらネギワンタン

サーモンリエット 147
母がフランス料理教室で覚えてきた美味なるリエット

装幀　田中和枝（フィールドワーク）
ＤＴＰ　美創
写真提供　ａｋオフィス
本文イラスト　鈴木みゆき
編集協力　西端洋子

第1章

母が普段の食事で気をつけていたことと大切に守っていたこと

長寿献立の基本は、魚（肉）1・豆1・野菜5

「うおいち・まめいち・やさいはご」

まるで歌でも唄うように、いつも母はこの言葉を口にしていました。おかずを考える時の比率です。「とくに高齢になればなるほど、この栄養バランスが大事なの」と。

正確には、「魚」のところには、適宜、肉も含まれるわけですが、「さかなとにくいち」では舌を噛みそうだし語呂もよくないので、母にとっては、二つひっくるめての「うおいち」なのです。

母が長年実践していたこの基本の考え方は、母校の女子栄養大学の香川綾先生が提唱された「四つの食品群」を目安としています。

香川先生の四つの食品群とは、一群を乳製品・卵、二群を魚・肉・豆類、三群を野菜・果物・芋類、四群を穀類・砂糖・油として、バランスよく食べるという考え方です。

それを多くの人に覚えてほしくて、母が言い出したのが魚1・豆1・野菜は5という言葉です。

すなわち「一日に魚を100グラム、大豆や豆製品を100グラム、野菜は芋を含めて400グラム食べましょう」。それが「美味しく食べて健康に」のポイントだと示されているのです。もっとも、母は野菜をできるだけ摂りたいとして、比率をさらに多めにしていましたが。

口癖は「とにかく野菜をいっぱい食べなさい」

自分にも家族にも、野菜をいっぱい摂取させるのが母の料理の特徴でもありました。

今でもこんなエピソードを思い出します。

家族揃って中華料理店で外食していた時のこと。

隣の席に座っていた親子連れにラーメンとチャーハンが運ばれてきました。それを横目で見ていた母が、隣の席に顔を向けてこう言ったのです。

「あのぅ、それだけじゃ、野菜が足りませんョ。野菜炒めを追加なさったらいいんじゃないでしょうか」

後にも先にも、見ず知らずの人にそんなことを言ったのはその一回だけですが、もちろん、居合わせた私たち家族が恥ずかしかったのは言うまでもありません。

母はなぜあの時どうしても言いたかったのか……。

肥満や高脂血症などの生活習慣病は、大人だけではなく子どもにとっても問題、と常々母は心配していました。だから「運動不足、睡眠不足。それに、小さい頃からの食習慣が、病気のもとになるのよ、どうか注意してね」と、きっとそんな気持ちに駆られたのでしょう。

食材のバランスを常に考えて

何をどう食べればいいか。それをしっかり知っていれば、健康的な食生活が送れる。好きなものばかり食べていたらダメよ、と母は言っていました。

忙しくてお総菜を買って帰らなければならない時でも、「今日はあまり野菜を食べていないから、緑黄色野菜のサラダか煮物を買い、豆腐も1丁買って冷や奴にしましょう」とか、外食で中華料理店に入っても「野菜たっぷりの五目焼きそば。それと卵スープを」といったバランスを考えた注文の仕方ができるから、と。

例えば、コンビニでおにぎりを買うのであれば、おにぎり一個とゆで卵にするとか、ひじき煮のパックや根菜サラダをプラスするとか、「食べる知恵」があればバランスを考えた食生活ができるの、と、しつこいくらい聞かされました。

でも、それくらい言うのも納得できるほど、スーパーで買い物する母のショッピングカートの中は、栄養のバランスのことを考えていることが如実にわかる品揃え。本当に感心してしまいます。

コンビニで買う時すら、母の買い物カゴの中は偏りがありませんでした。

美味で栄養豊かな旬を食べる

野菜や果物など、年中出回ることが多くなり、いったいいつが旬なのかわからなくなっています。母はそのことをとても憂慮していて、「その季節ならではの美味しいものを口にすると、心も豊かになるの。繰り返しその季節に食べたものは、美味しさを身体が覚えていて、季節が来るたび自然に食べたくなるから不思議。私たち日本人の身体が四季のリズムと深くかかわっているのね。せっかく四季のある日本に生まれたのだから、日本人は旬についてよく知り、大切にしなければ」と言っていました。

例えば、冬のほうれん草は夏のそれに比べて栄養価が高く、柔らかいし、キャベツは、春は巻きがゆるくて甘い味、冬はしっかりとしていて煮込み向き、など、味も食感も違います。

幸せなことに、春ならフキノトウや菜の花など、季節ごとの味が食卓に上ってきた我が家。「〝今年もこの味を楽しめる！〟というワクワクした喜びが感じられる食体験を、日本のどの子どもにも小さい時から積ませたい」と、母は願っていました。

食卓を色数で〝賑やか〟に

弟が仕事でサウジアラビアに赴任していたことがあります。

ある時、その弟から母に長距離の相談電話がかかってきて「野菜がどうも足りないから自炊したい」と。その言葉を聞いて思わず母は「ヤッター」と万歳してしまったそうです。食べることにさほど興味がない子だと思っていたけれど、「野菜が足りない」とは、よく言った。きっと小さい頃から食べ続けていた母親の献立を身体が覚えていたに違いない。そう感じて嬉しくなってしまったとのこと。もちろん、電話や手紙で母が自炊についての的確なアドバイスを彼にしたことは言うまでもありません。

やがて弟も結婚することになり、その時、お嫁さんに「とにかく毎日の食卓を賑《にぎ》やかにしてくださいね」と母は頼みました。

「賑やかに」というのは、お皿の数ではなく彩りのこと。食卓に、赤、緑、黄色、白、黒を揃えることです。黒はワカメや昆布やシイタケなどの食材を指します。

それから「朝は必ず牛乳を1杯。それと卵を忘れずに食べさせてね」とも言ったそうです。実は結婚してから三年ほどは、牛乳と卵代として一カ月一万円を母は補助していました。

お嫁さんは今でもずっと「食卓は賑やかに」を実践。子どもたちも健康に育っています。

大事なことは何なのかを知る

「ものを食べるのに、いちいちタンパク質だ、ビタミンだと考えながら食べるなんて味気ないという人がいるけれど、それなら、着るものを選ぶ時のことを考えてみてほしい」と、母は人々に呼びかけていました。

例えば、赤いチェックのジャケットに、黄色い水玉のブラウスを着て紺のバッグを持ち、茶色の靴を履くだろうか。そんなおかしな服装をする人はいないはず。あれこれ組み合わせを考えて、より素敵に着こなそうと思うのが普通ではないか。

食べることもそれと同じ。食品の持つ働きを考慮して組み合わせを考えればいいだけのこと——と母。

母らしいシンプルな論理だなあ、と私は感心しました。

シンプルとスリム。

これは母の座右の銘だったと言っても過言ではありません。

大事なことは何なのかをしっかり見定めて、考え方も生き方も贅肉《ぜいにく》を落として無駄をなくそう。

欲をなくし、人を羨《うらや》んだり妬《ねた》んだりしないで、自分の暮らし第一に考えること。そうして、しなやかにきめ細かく生きよう。

このような考え方を母は持っていました。

食材の正しい知識を持つ

例えば卵の鮮度の見分け方。

今ではケースに賞味期限が書いてありますが、バラになった卵は殻に覆われているので新鮮さが外からではわかりません。「そんな時は塩水を張ったボウルに卵を入れるといいの。古い卵は中の水分が殻から微妙に抜けていくので塩水に入れると浮いてしまう。でも鮮度のよいものはそういうことにはならないから下に沈むわけ。卵を割ってみると、新しい卵の黄身はこんもりと盛り上がって、取り巻いている白身もしっかり黄身を支えている感じ。古くなると黄身も白身も締まりなくベターッと広がってしまうのよ」

料理記者歴が長い母は、こうした知識をたくさん持っていて、私たちに教えてくれました。

卵では、かつて料理雑誌の編集部で白身を泡立てる実験もしたそうで、何種類かの泡立て器を使って白身を泡立てるのに何分かかるか、泡立ててから何分でしぼむかまで実験したといいます。

健康体で長生きするには、こうした食材の正しい知識などもきちんと持つべきだということを、機会あるごとに母は言っていました。

「人生で食を一番大切にしなさい」――祖父の教え

母・岸朝子の父（私の祖父）・宮城新昌《みやぎしんしょう》は、人々の食生活を少しでも豊かにしたいという願いから、初めて牡蠣《かき》の垂下式養殖法というものを開発し、我が国に根付かせた人です。この技術はやがてアメリカやヨーロッパなど世界中に広まり、祖父は「世界の牡蠣王」などという名で功績を称《たた》えられています。

そんな祖父が、昔から自分の家族にいつも繰り返し言っていた言葉があります。

「炊事・洗濯・掃除のうち、掃除洗濯は人に任せてもよいけれど、炊事だけは命にかかわることだから人任せにしないこと」

すなわち、衣・食・住の中で、一番大切なものは食。食を大事にして生きる人生は豊かになり、人々も幸せにする――のだと。

食に関するこのゆるぎない信念は、子どもたちにしっかり伝わり、母が料理関係の道に進んだのも自然の流れといえるかもしれません。そして、この教えは、子から私たち孫にも受け継がれており、母のレシピを引き継いでいる私にとっても、大事な座右の銘となっています。

そうそう、祖父と牡蠣に関しては、もう二十年前のことになるでしょうか、母はテレビの取材でカナダまで祖父の牡蠣作りの足跡をたどる旅をしたことがありました。おかげさまで放映された番組は好評だったのですが、実は出発の少し前に、母は右手の中指を骨折し、ギプスをはめている状態でした。それなのに、撮影で映るとみっともないからと、ギプスをはずして出かけていってしまったのです。

結局このことが原因で、指がわずかに曲がったまま、という微妙な後遺症を残すことになりました。その骨折時、七十歳過ぎだった母の骨密度は〝五十代〟レベルの数字だったので、深刻なダメージにはならず、それぐらいで済んでよかったようなものですが。

スーパーのレジに並ぶ前の人のカゴにも好奇心！

そもそもなぜカナダへの旅の前に母が指の骨を折ったかというと、テレビの取材撮影がすぐ控えているというのに、ジャニーズの若者たちと合同誕生会（！）をやってはしゃぎ、お酒を飲み過ぎて転んだからなのでした。

そうした孫ほど年が離れている若い男の子たちとも仲良くしていましたし、歌舞伎好きで中村獅童ファンクラブの会員でもあった母。その他、シャンソンやオペラやミュージカルなども大好きで、無謀にも母はシャンソン協会にも入っていて、以前、石井好子さんのお誘いでチャリティーコンサートに出演し唄ったこともあるのです！

三カ月くらい前から急きょボイストレーニングを受け、当日それは派手な衣装に身を包み、かなり濃いめの化粧で舞台に上がったらしい。らしいというのは、客席で見る勇気がなくて私は行かなかったからです。おまけに、終演後はそのお化粧のまま、馴染《なじ》みのお寿司屋さんに行ってギョッとされたそうですから、やれやれです。

〝好奇心の塊〟という言葉が、まさにピッタリ。

人にも、モノにも、コトにも、母は旺盛な好奇心を向けていました。食生活以外にも、きっとこれがあったから、長く仕事を続けてこられたし、認知症とも無縁で、元気に長生きできたのかもしれません。

母は、スーパーのレジに並んでいると、「前の人は何を買ったのかしら、これらを使って何を作るのかしら」と、前の人のカゴの中を見ながらその家の食卓を想像したりする習慣がいつのまにか身についていている、と言っていました。

ものごとを正面から見るだけでなく、タテ、ヨコ、ナナメから見て、いろいろな情報を読み取る記者の目でもあったのだろうと思います。

伯母は〝タコさんウインナ〟の生みの親

母の姉は、尚道子《しょうみちこ》という名の料理研究家。やはり「食を大切に」と説いた父親の影響なのかもしれません、母と同じく食に関連する道に進んだわけです。

その伯母は、とにかくアイデア豊富な人で、実は、今や日本中のちびっ子のお弁当には欠かせない、あの〝タコさんウインナ〟の生みの親なのです。ママたちがウインナソーセージに包丁で切れ目を入れて、フライパンで炒めると、あっという間に〝タコさん〟や〝カニさん〟になる、アレですね。

当然、そんな姉からいっぱい刺激も受けたはず。創造性豊かな姉に倣《なら》って、子どもたちが喜ぶアイデアあふれる演出を、食卓でも常に工夫してくれた母でしたが、なかでも私にとって忘れられない思い出が一つあります。

子どもたちの誕生日には、母が仕事帰りに誕生祝いケーキを買ってきてくれることになっており、ケーキの形や味は、一応誕生日の人の希望優先。ところがある年の私の誕生日の時、希望とは少し違うケーキが箱から現れて、私が泣きべそをかいたことがありました。

仕事の忙しさでアタマがごちゃごちゃになっていた母のミスです。

すると、母は即座に台所からペティナイフを持ってきて、さっとケーキのデコレーションを取り去り、ナッペ（クリームを塗ること）し直して、希望していたケーキ

（真っ白な帽子型ケーキに赤いリボンがついたもの）に仕上げてくれました。

嬉しくてすぐに機嫌が直ったのは言うまでもなく、〝お母ちゃまは凄《すご》いなぁ〟と思ったことは今でも忘れられません。

大人数料理はおまかせ

「お客さまを招くなら二十人分の食器を揃えなさい」と祖母に言われたことを母は守っていました。だから、我が家の食器棚には今でもほとんどの器が二十ずつしまわれています。

どんなにお客さまの数が多くても、母は手早く料理の品数を揃えるのが得意でした。

えっ、これだけの材料で、こんなにたくさん、と驚くような早業でした。

父が亡くなった時、お通夜のお清めの食事作りでも、母の手際は見事でした。

よく、お通夜の料理を見ると、だいたいその家の様子がわかるといわれます。普段の食事の様子が見えてしまうということなのですね。母は、そうしたことにも気を配り、父のお通夜の食事は、煮物、焼き物などきちんとした料理を出したので、お仲間の食通と呼ばれる人々が、口を揃えて「美味しかった」と言ってくださいました。

そういえば、食器に関するこんな両親の思い出があります。

母たちの結婚記念日は十二月二十八日なのですが、父の生前は、夫婦二人でその記念日を京都で過ごすのがいつの頃からか慣例になっていました。年の瀬ということもあり、母はおせち用の京野菜や麩嘉《ふうか》の生麩《なまふ》や丹波の黒豆などの買い物も兼ね、父は趣味の古本屋巡りを。そして二人で必ず寄るのが骨とう品の店で、毎年何か一種類はお皿などの食器を購入するのでした。さすがに二十枚の持ち帰りは困難で、それでも十枚は買って帰ってきましたから、今さらながら、どんなにかさばって重くて大変だったろうか……と思います。

そんな両親のお気に入りの器たち。他の食器類とは別にして大切に保存はしていますが、私には詳しい知識がないので、これはどこそこの何々と説明できないのが残念。もっと器のこと、教わっておけばよかったです。

朝ごはんを必ず食べる

朝ごはんをしっかり食べてこない子どもは保育園に来ると、お腹が空いた顔をしてしょんぼりと座ったりしている。そんな話を聞いて、母は胸を痛めていました。

母のポリシーは、「絶対、朝ごはんを抜いてはいけない。朝ごはんは一日のスタートをつくる」でした。

朝ごはんに限らず、食事は身体の栄養だけでなく心の栄養にもなるのだから、と言っていました。

母の普段の朝ごはんは主にパン食でした。

パン、野菜サラダ、スープ。

だいたいその三つに、半熟卵や目玉焼きが加わったりしましたが、毎朝欠かさなかったのが、フルーツミックスジュースと牛乳。それらを必ず摂り、食事の最後にコーヒーを飲むのがお決まりでした。

パンの食べ方は、トーストにしたり、フレンチトーストに変えてみたり、ロールパンだったり、日によっていろいろ。トーストの時は、こんがりトーストにたっぷりのバター、それにジャムやメープルシロップを重ねづけしていたものです。ジャムはイチゴのが一番好きで、イチゴの季節には我が家の台所で手作りも。上手に仕上げるには、途中でイチゴを取り出して汁だけ煮詰めるといいのよと教わりました。

そういえば、お気に入りのトーストにこんな一品もありました。

紀ノ国屋のイギリスパンをこんがりトーストして、ローマイヤのソーセージを並べる。熱々のトーストにソーセージの脂がじゅぅっと溶け出して……その美味しいことといったら、一緒に食べた私のほっぺも落ちそうでした。

朝のスープは、冷蔵庫の残り物で作ったミネストローネとかポタージュ。なかでも母はコーンポタージュが好きで、缶詰のコーンクリームとタマネギと牛乳でちゃちゃっと作ったり、急いでいる時などには出来合いのインスタントスープを使ったりすることもありました。

たぶん日々多忙だったからでもあるのでしょう、インスタント食品に母はあまり抵抗感はなかったようです。大きなマグカップでたっぷり飲んでいた大好きなコーヒーも、以前はインスタントでした。

まずはブラックで一口、それからお砂糖を少し入れて飲むのが朝子流。

晩年は、私が毎朝コーヒーメーカーで多めに落としたコーヒーを、朝に限らず一日に何回にも分けて、それは美味しそうに飲んでいました。

朝のジュースは欠かさずに

朝ごはんは、フルーツジュース作りで始まります。

例えば、リンゴとグレープフルーツ各一個をミキサーにかけて、漉《こ》さないで食物繊維ごとどろどろのジュースに。この量を、同居している私と半分ずつにして飲んでいました。これで果物の一日の目安量200グラムが摂取できます。

ジュースにする果物の種類は、季節ごとにさまざま。「バナナ&パイナップル&ヨーグルト」とか、真夏はスイカだけのジュースにすることもありました。

その後、牛乳や食事をいただきます。

母の一日の食生活は、例の「四つの食品群」がもとになっていましたから、まず、牛乳と果物は朝、摂っておく、という考えなのです。そして夕食までに、残りの栄養を摂っていくという、そういう算段です。

出かける時は、昼食用にできるだけ野菜たっぷりのおかずを詰めた手作りのお弁当を持っていくようにしていました。とはいっても、朝忙しくて時間がない時は、立ち食いそばで済ませることも。そんな時でも、おそばに卵一個、落としてもらうのを忘れませんでした。

昼に野菜が摂れない時は、夕食で補います。夕食が外食であれば、青菜のおひたしや海藻入りの和え物、冷やしトマトや野菜サラダ、里イモとイカの煮付けなどなど、居酒屋風メニューの中から、不足した栄養素を補う、といった具合でした。

八十代もずっと現役の料理記者として仕事をし、取材や講演などで全国各地を飛び回りながらも、元気でいられたのは、母のこのような食生活のちょっとした心がけの

おかげだと思います。

肌つやつやの秘訣は毎日飲む牛乳

高齢になっても母の肌はみずみずしかった。「何か特別な化粧品でも使っているんですか」「どうすれば八十を過ぎてもお肌がそんなにつやつやでいられるんでしょうか」と人からよく尋ねられていました。

アンチエイジングとやらの何万円もする化粧品を使っていたわけではなく、母は一般的な洗顔クリームと、ごく普通の基礎化粧品だけ。「考えられるとしたら、牛乳のおかげかもしれない」と母は笑っていました。

母は死ぬまで毎日欠かさず、牛乳を300ミリリットル（大きめのマグカップ一杯分）飲んでいましたが、ほとんどの場合、温めずにゆっくりと噛むように飲む。乳製品の一日の目安量をここでクリアできるのです。

毎日、牛乳をきちんと飲むこと、果物を食べること、野菜をたくさん食べること。この三つをしっかり意識していることが、肌にもいいのかもしれないわね、と母。

また、中年以降の女性は特に骨粗鬆症《こつそしょうしょう》に注意です。平らな畳の上でも、ちょっと足がもつれて転びがち。大腿部骨折でもするとそのまま寝たきりになってしまうことも多いので、年を取ったらとにかく転ばないよう心がけなければなりません。

母はその骨粗鬆症の予防としても、カルシウム豊富な牛乳を飲み続けていました。九十歳間近の頃に受けた骨粗鬆症検査でも依然として〝五十代の骨〟という判定が出て喜んでいました。

母の習慣に倣って、私たちも毎日牛乳は欠かさず飲みます。そのまま飲むだけでなく、コーンチャウダーにしたり、寒天を加えて牛乳かんで摂ることもありました。

麺類が大好き

休日の家のお昼はたいてい麺類。

じゃじゃ麺、ボンゴレロッソ、おろしツナスパゲッティ、ソーミンチャンプルー、てんぷらそば……。なかでも、母は長崎皿うどんが好きでした。

もちろん夏場は冷たいおそばやそうめんがひんぱんに登場。しかも母はそれらにたっぷり薬味を入れるのがお気に入りで、わさびや辛子はそんなに加えて大丈夫？　というくらいに入れるのです。

（忙しい毎日、刺激はもう十分だろうに……）と、お腹の中でついつぶやきながら、一緒に食べているこちらは多めの薬味量にいつもハラハラものでした。

冬場の定番としては、「古奈屋《こなや》」のレトルトカレーうどん。

母は、即席製品にあまり抵抗を示さない人で、我が家ではカップ麺やレトルトも必要に応じて利用していました。「野菜や肉を足して、インスタントも手を加えればもっと美味しいわよ」と。カップ麺の新製品が出ると、進んで試したがっていましたから、本人は結構カップ麺好きだったかも。

そうしたことのご縁もあったのでしょうか、気づけば母はインスタントラーメン世界大会なるものにも理事として関与するようになり、毎年、大会行事に出席していました。

お歳暮やお中元の時期になると、日本即席食品工業協会から大きな箱いっぱいに新製品のインスタント食品が我が家に届き、それはそれで家族の胃袋的には感謝ではありましたが。

理想は一日1500キロカロリー

お酒が好きだった母。中高年の域に入ってからは、自分の身体に余計な肉がつかない理想は一日1500キロカロリーだから、その分も計算に入れて、食べるものの合計は一日1000キロカロリーを心がけていました。

つまり500キロカロリーはざっと酒用と見込むわけです。

飲みに行く時も、野菜の煮物や枝豆をつまみにして、ご飯は食べないとか、あれこれ腐心していました。

飲んだ後のラーメンは、つい行きたくなるものですが、それだけで500キロカロリーも摂ることになるので気をつけていると言っていました。

栄養バランスにも心を配り、今日は卵が足りてないなと思えば、夜、寿司屋で卵焼きをつまみにしたり、小料理屋さんに行って青菜のおひたしと豆腐のサラダを食べたりして調節。どうしても摂れない場合があれば、一週間単位で考えるようにしていました。

それにしても、「もうすぐ帰る」と連絡をくれながら、自宅まであと少しのところにある居酒屋に寄り道していたことも一度ならず。まっすぐ家に帰ってくればいいものを……。ただただ無性にお酒が飲みたかったのでしょうか。

食はクスイナタン（命の源）

母方の祖父母は沖縄の生まれです。それゆえ、母は沖縄料理を日々食べて育ちましたし、祖先につながる沖縄の料理が昔から我が家の食卓にもたくさん上がりました。「食はクスイナタン」とは、母から何度も聞かされた教えです。「クスイナタン」は沖縄の言葉で「ごちそうさま」の代わりに使われる言葉です。食べる物すべてが栄養であり「命の源」となることへの感謝を意味します。

「食べることとは命を養うこと。動物や植物の生命をもらって自分たちの生命を養う。だから養生というのよ」――母から教わったことです。

「人生を大切にしたかったら、食べることを大切にしなさい」と母はいつも話していました。命は食にあるということ。お腹が空いたら食べる、好きだから食べるというものではないのだということ。

今日食べたものが明日の活力のもとになるとわかっている人は意外に少ない。もっとわかっていないのが、悪い食べ方が積もり積もって病気のもとになるということ。いわゆる生活習慣病のことですが、こうした意識の低さを母は嘆いていました。

食材はすべて無駄なく調理

肉にしろ魚にしろ野菜にしろすべてはその命をいただいて私たちは生きているのだから、無駄なく大事に使いなさい——。母は率先してそのお手本を示すかのように、タマネギの外皮や大根やニンジンなどの皮をはじめ、カボチャの種や柑橘類の種にいたるまで、使えるものはなんでも使いました。

例えば、アスパラの茎の硬い部分やブロッコリーの芯などは保存袋に冷凍しておいて、溜まったら「ポタージュ」に。枝豆の残りやジャガイモ、タマネギを加えてコンソメで煮込み、牛乳を加えてブレンダーで混ぜれば出来上がり。

また、ニンジンの頭やタマネギの外皮やセロリの葉っぱなど。こうした残り野菜もとっておいて、ある程度溜まったところで水と一緒に大鍋でコトコト煮ていくと、いいブイヨンがとれます。このブイヨンで美味しいスープができるのはもちろんのこと、母は「サーモンリエット」まで作っていました。生鮭をこのブイヨンで茹でたものと、スモークサーモンをそれぞれオリーブオイルで炒め、ほぐしながら冷ましたら、常温のバターに混ぜ込み、瓶に詰めればＯＫ。美味しくてオツな一品です（Ｐ１４７参照）。

ニンジンや大根の皮や面取りした残りなどを、キュウリの千切りやセロリの端っこと共に、ごま油、寿司酢、醤油で漬け込んだ「あちゃら漬け」も、母の得意の常備菜でした。鷹の爪を入れればピリ辛に。

無農薬の甘夏などの柑橘類を多めにいただいたりした時は、張り切って「マーマレード」作り。皮は三度ほど茹でこぼし、白い部分をそぎ落として千切りに。中身は種と袋と身に分けて、種と袋は水を張った鍋の中で半量になるまでコトコト……。こうするとペクチンを使わずにとろみがつくのです。煮詰め終わったら種と袋を濾し去り、残った汁に身と千切りにした皮を入れ、同量の砂糖を加えてさらに煮詰めていけば、苦みの利いた大人のマーマレードの完成です。

イチャリバチョーデー（出会えば兄弟）

沖縄には「イチャリバチョーデー」という言葉もあります。これは「出会えば兄弟」という意味。出会ったからにはみんな仲良くしましょう、という言葉です。

母は基本的に人間が好きなので、人付き合いに関してあまり難しく考えない。だから人に会うことを億劫《おっくう》がらないし、初めて会う方でも好奇心をもって出かける人でした。

母は東京で生まれたのですが、その東京の家には小さい頃からいつも沖縄からのお客さまや居候さんが誰かしらいたそうです。

親戚や知人はもとより、東京に試験を受けに来る学生をはじめ、他人が家に泊まっていても当たり前。そのことを不思議とも思わず、相手が誰であろうともてなすのが沖縄人の気風であり、母はまったくその通りの人でした。

物怖《ものお》じしないし人見知りしない。他人に対して臆したところがないのは、人間はすべて平等だと思っているからです。母は相手の肩書き等で人を判断したり態度を変えたりは決してしませんでした。もちろん目上の方には失礼がないように敬語を使いますが、あくまでひとりの人間として接していました。

仕事で日本全国を飛び回っていた母は、一都一道二府四十三県すべて回ったのが自慢でもありました。旅先では必ず市場に行き、その土地の人々と楽しく交流し、彼らが食べているものを見て、味わって、話を聞いて……を心からエンジョイしていたようです。

旅行後、訪れた各地で親しくなった人々から、我が家に全国の美味しい頂き物が届きました。丹後のマツタケ、函館のタラバガニ、伊勢志摩のイセエビ、松阪の牛肉、熊本の馬刺し、山口のフグ、沖縄のマンゴー……などなど。

ぜいたくの御相伴にあずかった私たち家族（孫たちまでも！）は全員、母が出会えば兄弟〝イチャリバチョーデー〟の人で本当によかったなぁ、と心底思ったのは言うまでもありません。

美しく食べるコツ

食事をする時は、背筋をきちんと伸ばして、テーブルとお腹の間は「握りこぶし一つ分」空けること……など。母は食事のマナーをきちんと私たち子どもに教えてくれました。

でも、どんなに私たちが気をつけていても、母の美しい食べ方にはかないませんでした。それは、ほれぼれするほどでした。

母の教えで私が一番素敵だと思ったのは、お椀《わん》や丼の持ち方。

親指以外の四本の指をきちんと揃えて器の底を支えるので、見た目がとてもきれいなのです。

「こうすると、年を取っても、きれいな食べ方に見えるのよ」

と母は言っていました。

箸を取り上げる時も、

「右手で箸の中央を持ち上げ、左手を添える。右手を右に滑らせるようにして持ち替えると、見た目がきれいになる」

と、教えられました。

年を取っても、品性は失ってはいけないということなのでしょう。

「握り箸で丼に顔を突っ込むようにして食べている人を見ると悲しくなるわ」と母は嘆いていました。

食事のマナーは日頃の積み重ねから

我が家では「人の嫌がることをしない」というのが家訓でした。

当たり前といえば当たり前ですが、具体的には、食べる時にペチャペチャ音を立てない、スープをズーッとすすらない、口に食べ物が入っている時はしゃべらない、テーブルに肘をついて食べてはいけない、といった細かい食事のマナーも含まれています。いずれも、そばにいる人を不快にさせることだからです。

「マナーは思いやり。そして、マナーは人を美しくするものでもあるのよ」と母から教わりました。

食べ方や箸の持ち方に加え、今なら食事中に携帯電話やスマホをいじらない、なども入るのでしょう。

また、普段の食事に〝箸置き〟を使っている家庭はなかなか多くないようですが、我が家では母が使用を習慣づけて、きちっと使っていました。

家庭で日頃から箸をテーブルに直《じか》に置いたり、器に渡す癖がついていると、外での食事の際など、箸置きが用意されているにもかかわらず、つい器に渡したり、直に置いたりしがちです。器に箸を渡す「渡し箸」は、日本の礼儀上、マナー違反です。

マナーは日々の積み重ねで身につくものだから、と母はうるさいくらい言っていました。どのご家庭でも、箸置きはぜひ、使ってほしいと私は思います。

食の決まりごとを次の世代に伝えたい

母は相手が同年代でも年下でも同じように付き合って、言葉遣いが悪ければその場で言うし、その他のことでも気になったことはすぐに口に出していました。思ったことはお腹に溜めないというか、溜めておけないのですね。

とりわけ、食に関することとならなおさらでした。

ある日、松花堂弁当が出された時のことです。

折敷《おしき》の木目が縦になって置かれ、さらに〝散り松葉〟の柄が上にきている――。折敷でもお盆でも木目のあるものは木目を横にして置くのが決まりです。母はどうしても気になって、縦になっていたのを自分でそっと横向きに置き直しました。そして気を取り直し、さてとお弁当の蓋を開けたら、今度はご飯が向こうにある。なんたる間違い。

こうした場合に黙っていられない性格です。お弁当箱を下げに来た女性に、「こういうものは木目を横にして置いて、柄が〝散り松葉〟だったら下に来るようにして、蓋を開けた時にご飯が左下になるように置くものよ」と、母はやんわり注意を。「皆の前で悪いとは思ったけれど、若い人に正しいことを知ってほしいという思いで、言わずにはいられなかったの」と、店を出た後で母は言っていました。

とはいえ、これは母がまだそれほど有名でない頃の話です。

ウルサい（？）料理のご意見番として顔と名前が広く知られるようになってからは、とくに初めてのお店では、たいてい母の姿を見るやいなや、お店中が一瞬「えぇーっ」となったものです。きっと調理場もフロアの方たちも緊張なさって、より美味しいものを、サービスは手ぬかりなく……などと、それなりのご配慮をしてくださっていたのではないかと思います。母もそうそう目くじらを立てることはありませんでした。

ところが、気の置けない馴染みのお店となると、そうとは限りません。母の遠慮のなさに拍車がかかって、アルバイトの接客係の人に、お箸の並べ方や料理の出し方など、ちょこちょこ注意して、うるさいこと。

同行の私は、落ち着いて料理を食べる雰囲気じゃない時も多々ありました。でも、それも「嫌われてもいいから、若者を育てよう、きちんと育ってほしいという親心だったんだろうな」と、今ならわかるような気がします。

テレビの人気料理番組『料理の鉄人』にレギュラー審査員として出演。試食の後に母が言う「おいしゅうございます」の言葉は流行語になりました（写真中央は道場六三郎さん、同右は陳建一さん）。

家族のアルバム

⬅母と祖父母。祖父の宮城新昌は、牡蠣の養殖技術を確立して〝牡蠣王〟とも呼ばれています。祖母ツルは、多忙な母にとって、私たち子どもの世話を頼める頼もしい〝助っ人〟でした。

⬆入学や卒業など、主に祝い事の時だけだった家族全員の集合写真。いつの間にか何はなくとも年に1回撮ることが恒例に。年ごとの写真を見ていくと撮影時の情景が蘇ってきます。これは昭和35年頃の写真。父・秋正の後ろに私(三女・伸子)、隣に次女・裕子、その右が長女・直子。母の前に弟の俊行。

⬆妊娠8か月の身で主婦の友社の入社試験に挑み、見事合格した母でしたが、なんと入社後すぐに産休入り。このエピソードは同社の伝説になっているのだそうです。写真は母40歳くらい、入社数年後の時のもの。

⬇母の仕事机。子どもが小さいうちは「家に仕事を持ち込まない」という父との約束を守っていましたが、私たちも成長し、母が会社を立ち上げ独立してからは家で仕事をすることも多々ありました。いつも原稿は鉛筆で書いていた母。その鉛筆を丁寧に削っていた父の姿を覚えています。

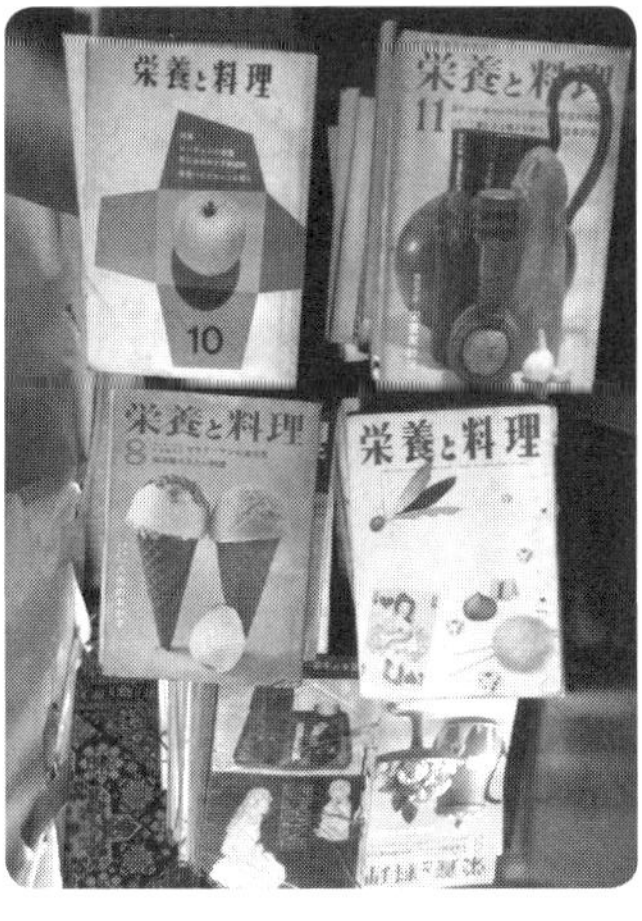

⬅主婦の友社に13年勤めたあと、母は女子栄養大学出版部の『栄養と料理』編集部に転身。編集長として「食べ歩き」や「有名人の食事拝見」といった企画を次々に打ち出していました。写真はその頃の雑誌。

第2章

知恵と工夫さえあれば、高齢になっても美味しいものは食べられる

〝本当の〟食事を摂って幸せになる

母が八十代の頃にこんなことを言っていました。

「七十歳くらいまでの私は、自分の命は自分のもの、自分の人生は自分のものと考えていたけれど、今は違う。

私の命は〝生かされている命〟なのだということがよくわかったの。

だから慈しみ大切にしなければならないと心から思うわ。

生かされている命を大切に思う時、やはり一番大事なのは健康に留意すること。そして健康のもとは食にあるのだから、生かされている命を大切にするとは、つまり、食事を大切にするということにほかならないの」と。

「食事は人間にとってのエサだ」と考える人が、世の中には少なからずいます。

でも、そういう意見に対して母は次のように言って抗《あらが》っていました。

「食事は、単に身体をつくり、活力のもととなる〝エサ〟では決してありません。美味しいものを食べて幸せになり、心が豊かになる、それが本当の食事です」

何が足りないか、に気づくこと

もし高齢になって、料理を作らない、あるいは作れないというのであれば、何を食べればいいいかだけでも四つの食品群を目安にして知ってほしい、と母は願っていました。知ってさえいれば、この頃はコンビニエンスストアでも、キンピラごぼうとかほうれん草のおひたしなどの小分けパック類を置くようになっているので、そういう総菜をうまく選ぶことができるから、と。

外食するにしても、何が足りないかがわかれば大丈夫。

納豆が食べられなければ豆腐でもいいし、ほうれん草がなければ小松菜でもチンゲン菜でもブロッコリーでもいい。買ってきた総菜に野菜が足りないと思った時、台所の隅にレタスが一つあったらさっと茹でてみてください。お好みで、ポン酢やごま味噌やごまドレッシング、出汁割りの醤油をかければいいだけ。また、レタスをサラダ油でさっと炒め、レモン汁を搾《しぼ》って「炒めサラダ」にすれば200グラムくらい簡単に食べられます。サラダをボウル一杯食べるのは大変だけれど、こうしたやり方なら簡単。そうすれば一日の目安となる野菜350グラムも難なく摂れるのですから。

食べ物の我慢のストレスは最小限度に

まだ祖父母も元気で、我が家で一緒に暮らしていた頃のことです。

祖父はベーコンが大好きでした。でも、お医者さまから「血圧が高いからベーコンエッグは食べてはいけない」と注意されていました。そんなふうに言われると一生ベーコンを食べられないかのように感じるものです。祖父は、大好物を禁止されてつらそうでした。

そこで母は工夫をしました。

一切れ食べていたベーコンを半分にし、カリカリに焼いて脂を落とす。二個食べていた卵は一個に。そうして、ごくたまに食べるくらいなら大丈夫だと。

「制限をがちがちにするとストレスが溜まってしまう。そのほうがよほど身体に悪いのだから」と母は言っていました。

何でも完璧に厳しくするのではなく、どこかに風が通る小さな穴が開いていてもいい――。もともとアバウトな性格の母らしい見解ですが、我慢に我慢を重ねた挙句にプッツンしてドカ食いするくらいなら、母のようなやり方もあるのではないかと思います。

ほかにも、例えば塩分の摂取量が気になるからといって、ずっと薄味ばかりの日々では食欲もなくなってしまいます。こういうことに対するお年寄りの相談にも母のアドバイスはどこかマイルドでした。

「我慢がつらくなった時は、塩辛でもタラコでも好きなものをほんの一口だけ、ご飯にのせて食べてみては。意外なほど食が進むはずよ。おかずもモリモリ食べられて、そのほうが元気になるわ」と。

そういえば先日、学生時代の友人とおしゃべりをしていた時のこと。私は知らなかったのですが、彼が昔太っていた頃に私の母から〝もうちょっとやせなさい！　そのためにもケーキが食べたいと思ったら、ぐっと我慢してお饅頭《まんじゆう》にしなさい。お豆には栄養もあるし、ケーキよりカロリー低いからね〟って言われたんだそうです。「普通なら〝甘いもんなんか絶対やめなさい〟って言うところだろうにね」と笑う彼に、母らしいなと思いました。

80キロカロリーの仲間を覚えて、肥満に注意

野放図に食べながら年齢を重ねていくと、身体はぶよぶよと脂肪を溜めがちになります。とくに女性はなおさら。醜いメタボ体型になってしまいます。太らないようにすることは単に美容の面からだけでなく、健康長寿の実現のためにも大事なポイントです。

母はダイエットというほどのことをしたことはありませんでしたが、パーティーなどお呼ばれでたくさん食べ過ぎた翌日は食事を軽めに抑えたりして、普段から肥満に向かわないよう気をつけていました。

五十歳頃から一日1500キロカロリーを目安にしてきた母は、友人の高齢女性たちにも、事あるごとに「肥満は長寿の敵よ。気をつけなくちゃ」と話していましたが、たいてい「えぇー、いちいちカロリー計算なんて面倒だし」という声が返ってくるのがオチ。

そんな時、母は、皆に「80キロカロリーの仲間」というのを教えていました。

ご飯半膳、卵一個、ジャガイモ一個……などが、ちょうど80キロカロリーなのです。主な食材の80キロカロリーの仲間を覚えていると、自分が今食べようとしている料理のカロリーがだんだんわかるようになるということなのです。

これくらいの知識を持つようにするだけで、食事作りをしていくうちに、いつしか体重管理にも意識が向くようになってきます。

「80キロカロリーの仲間」を覚えていると何かと便利

水分はたっぷり摂る

年を取ると、水分の摂取量が減るので要注意です。

なぜかと言うと、年を取ると食事の量が減ってくる。味噌汁などのお代わりもしなくなる。すると食事全体の水分量が減る――というわけなのですね。

喉が渇いたという感覚も鈍くなるから、水分不足になるおそれが出てきます。お茶でも水でも意識して摂るように母は気をつけて暮らしていました。

とはいえ、母は根っから汁物が大好きでしたから、たぶん足りないことにはなっていなかったのでは、と思えます。

朝のスープは冷蔵庫の残り物で作ったミネストローネとかポタージュ。なかでもコーンポタージュが一番のお気に入り。夕食時には、味噌汁が欠かせませんでした。

「汁物は心も温めるの」と言って、せっせと作っていた母の汁物のレパートリーは数知れず。例えば「ジャガイモとタマネギの味噌汁」「ごま油風味の大根の味噌汁」「薩摩汁」「アオサのおつゆ」「イカ墨の汁」「カボチャの味噌汁」……などなど。

出産間近の女性がいると聞くと、母は必ず「鶏のスープ」を作って届けていました。材料は、骨付きの鶏と大根と昆布。沖縄名物ソーキ汁のソーキの代わりに鶏を使用しているもので、このスープを飲めば安産間違いなしと確信していたようです。

切り方の工夫次第で、食べやすくできる

母も、さすがに八十を過ぎた頃から、硬い肉は噛み切れない場合も出てきました。

タケノコなども一口で食べられる大きさに切り方を工夫するようになりましたし、お餅を食べる時には喉につかえるのを用心して、より小さく切るようになりました。

また、母はリンゴが好きでしたが、入れ歯があって噛みにくい。そこで、斜めに包丁を入れて切っていました。こうすると繊維を断つことになって、とたんに食べやすくなるのです。お店などでリンゴのデザートが出るとわかると、「斜めに切ってね」と頼んでいました。

また野菜類の中でも、春菊やニラ、根三つ葉などは、年寄りにとって大変噛みにくいもの。生だとより食べにくいので、さっと茹でて二センチほどに切るのが、母にとってのベストでした。

茹でて食べるのはオススメ

春菊やニラ、根三つ葉などは、そのまま切るのではなく、さっと茹でてから切るようにすると、ぐんと食べやすくなるとお伝えしましたが、この「葉物はまず茹でる」という方法は、高齢者にとって大変有効です。

母も「生だと気になる噛みにくさが解消される」と喜んでいました。

そして、茹でたら、味付けにも一工夫です。

ほうれん草のおひたしなら、ただ醤油をかけるのではなく、柔らかめに茹でたものを出汁に浸《つ》ける方法もぜひ試してみてください。母も好んでやっていましたが、このような出汁割り醤油で食べると、美味しさも増しますし、とても食べやすくもなるのです。

また、タンパク源の肉や魚なども、薄切りにしたものをさっと茹でて、茹で野菜と和えると（調味は、出汁割り醤油でもいいし、ポン酢でもドレッシングでも）、あっという間に時短おかずの出来上がりです。

母はそこへさらに海藻も加えることもありました。

ご飯に〝タンパク質〟をのせて「小丼」

お腹は空いているけど、台所に立ってなんかアレコレ作るのはめんどくさい。そんな日もあります。とくに年を取れば取るほど余計そうです。でも何かは食べておかないと……。

そんな時、茶碗一つで食べるこの「小丼」法はオススメです。

わかりやすく言えば、ご飯の上にタンパク質を含む何か栄養あるものをのっけて食べちゃおう、ということです。例えば、

【ご飯の上に——鮭のほぐしのせ】……説明不要。

【ご飯の上に——目玉焼きのせ】……熱々のご飯におかかとバターを混ぜ、半熟に焼いた目玉焼きをのせて、醤油をたらり。好みで白ごまを振っても。

【ご飯の上に——サバ缶（ツナ缶）のせ】……火を一切使わない缶詰楽チンクッキング。いりごまとポン酢でチョチョイと味を付けたご飯の上に、サバ缶＋マヨネーズ＋ゆず胡椒＋牛乳ひとさじを混ぜてのっけるだけ。タマネギのスライスとシソの葉と大根おろしなどもあれば、さらに美味。

【狐丼】……カリカリに焼いた油揚げを刻み、おかか

ご飯の上に——目玉焼きのせ

とさらしネギと共にご飯にのせ、醤油かめんつゆをさっと回しかけて。

【ご飯の上におでん豆腐！】……おでんの残りがあれば。じっくり煮込んで出汁が染み込んだ豆腐とご飯の相性ばっちり。さっと作るなら、そばつゆで炊いた豆腐を汁ごとご飯にのせて、崩しながら食べる。

【かば焼きのカサ増し丼】……ウナギのかば焼きが少し残っていたら、刻んで、シソやごまと一緒にご飯に混ぜてレンジでチン。

……など、他にも工夫次第。

なあんだと思われるかもしれませんが、お茶漬けなどで済ますより、よっぽどいいのです。とっても手軽で、栄養も摂れます。母も、忙しい日などは、こうした「小丼」を食べていました。

時間がないならないなりに、とにかく、いかなる時でもできるだけの栄養は身体に入れる――という貪欲さが母にはありました。

また、これと発想は同じですが、お米と栄養ある具材を一緒にして「炊き込みご飯」にしてしまうというやり方もあります。

【中華の炊き込みご飯】【栗とサツマイモの炊き込みご飯】【沖縄風・豚と昆布の炊き

込みご飯】……など、母はレパートリーをたくさん持っていました。

多めに作り、残った量は小分けのおにぎりにして冷凍保存しておけば、必要な時にチンして食べることができて助かります。

残った料理は他日、別のごちそうに

ついつい多めに作ってしまったり、思いのほかお腹がいっぱいになって、食べ物が残ることがあります。もちろん、一度にたっぷり作ったほうがおいしい料理もありますし、カレーなどは翌日のほうが美味だともいわれますが、ただ同じものを毎日食べるのは、あまりに芸がない……。ということで、母はこのようなちょっとしたアレンジをしていました。

例えば「ポトフ」を作った残りは小分けにして冷凍しておきます。別の日にそれを温める時に、「カレー粉やルーを加えて↓カレー」「牛乳を加えて↓クリームスープ」「トマト缶やトマトジュースを加えて↓ミネストローネ風」などに変身させます（ジャガイモは冷凍するとボソボソになるので、あらかじめよけておいたほうがいいけれど）。

グラタンが残ったら、牛乳でのばしてチャウダーに。あるいはチキンライスにのせてチーズを加えてオーブンで焼けばドリアに。

ミートソースの残りは、マッシュポテトと重ねて器に詰め、上にたっぷりのチーズをのせて焼き上げれば、立派なごちそう。さらに、刻んだポテトとゆで卵（ざく切り）をミートソースと合わせたものを薄切りパンに包み、焼いたり揚げたりすればピロシキ風に。茹で大豆や他の豆の缶詰を加えて、市販のチリパウダーで味付けすればチリコンカンになります。

野菜炒めの残りは、インスタントラーメンにのせてタンメン風にするなど、いろいろ応用ができます。

また、昼食に茹でたそばやそうめんが残ったら、そばにはコーングリッツ（トウモロコシから作られる穀粉）をまぶして素揚げに。そこに塩を振ると、いいおつまみになるのです。そうめんの残りは、ツナ缶やニラなどと一緒に炒めれば、美味しいチャンプルーの出来上がり。そうめんの残りがあまり多くなければ、夕食のお吸い物に使ってみるのもオススメです。

「まきまき」は楽し

「美味しいものは人を幸せにし、心を豊かにしてくれる」というのが口癖だった母は、食事タイムを楽しくすることにも長《た》けた人でした。

おかずがあり合わせのもので、ちょっとテンションが下がりそうな時は、「まきまき」をエンジョイしていたものです。

海苔、レタスやサンチュの葉っぱ、あれば生春巻き用のライスペーパーなど、ぺらぺらした形状の食材を用意。それらを〝お皿〟にして、ご飯、あり合わせのおかず、佃煮や、冷蔵庫にある適当な余り物……などをチョイスしながらのせ、くるっとひと巻き（ひと包み）して、パクッとかじって食べるのです。だから――「まきまき」。

沖縄には、水溶き小麦粉で薄いクレープ状の皮を作り、そこに油みそをのせて巻いて食べる料理があるのですが、それがヒントになっているのかもしれません。

とにかく、母と一緒になって、巻いて食べる・巻いて食べる……の繰り返しをやってみると、本当に楽しくて、意外なほど食が進みました。ぜひ試してみてください。

母の台所

⬆あるものは何でも使いましょうの精神。母は牛乳パックを洗って乾かしてお玉やヘラなどを入れたりしていました。ヨーグルトのパックもしかり。手前の箸置き入れは、新聞のチラシで作った折り紙の箱。

⬆ラッキョウ漬けは母の大好物。毎年空き瓶で普通の味の他、カレー粉入りのも作っていました。カレーには当然合うし、刻んでタルタルソースやドレッシングに加えたり。チャーハンに混ぜても美味。

⬅「ローズマリー・オイル」作り。ニンニク(オリーブオイルで炒め、冷ます)、ローズマリー、オリーブオイルを空き瓶に入れて漬け込むだけ。パンにつけて食べたり、ドレッシングにも使用。肉を焼くと香味豊かに。

⬆母のフライパンはどっしりとした重さのものが主流でした。とくにスキレットは重宝して、餃子を焼く時はじっくりと火を通せるし、アヒージョの時には冷めにくいなど大活躍。土鍋は大中小の揃え。小型は一人用の鍋焼きうどんに、中型は鯛飯や蛸飯などの炊き込みご飯用に、大きい土鍋は母自慢のタラ鍋やブイヤベース用に使っていました。

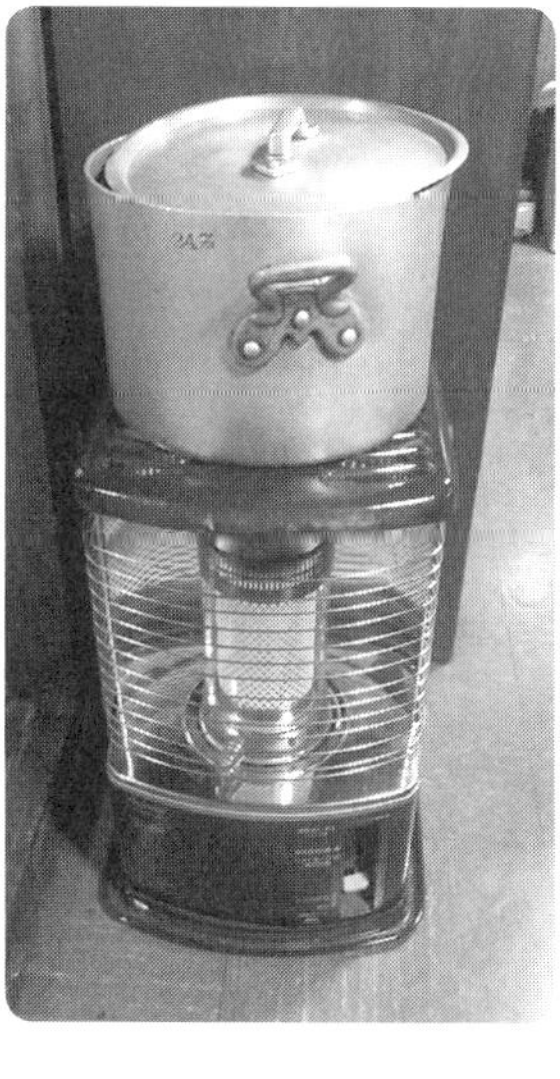

⬅ストーブも、母の台所では立派な働き手。冬場、ストーブの上にはシチューだけでなく、おでんやソーキ汁、お汁粉などの鍋がのせられ、コトコトと優しく煮込まれていたものです。昔アラジンストーブを使っていた頃は、お餅を焼くのもストーブの上でした。

第3章

簡単&美味な90歳のごはん——実践編

母が作っていた料理のコツやアイデア

高齢者が食べやすい切り方の例

野菜など、むやみになんでもすりおろさなくても、切り方を工夫するだけで食べやすくなります。口に入れやすい大きさにすることはもちろんですが、その際「乱切り」はNG。野菜が一番食べやすくなるのは**「短冊切り」**だというのが、母の結論です。繊維を断ち切ることができるので、これが一番いいのです。

例／レンコン⬇厚めの輪切りにして、さらに短冊切りに。

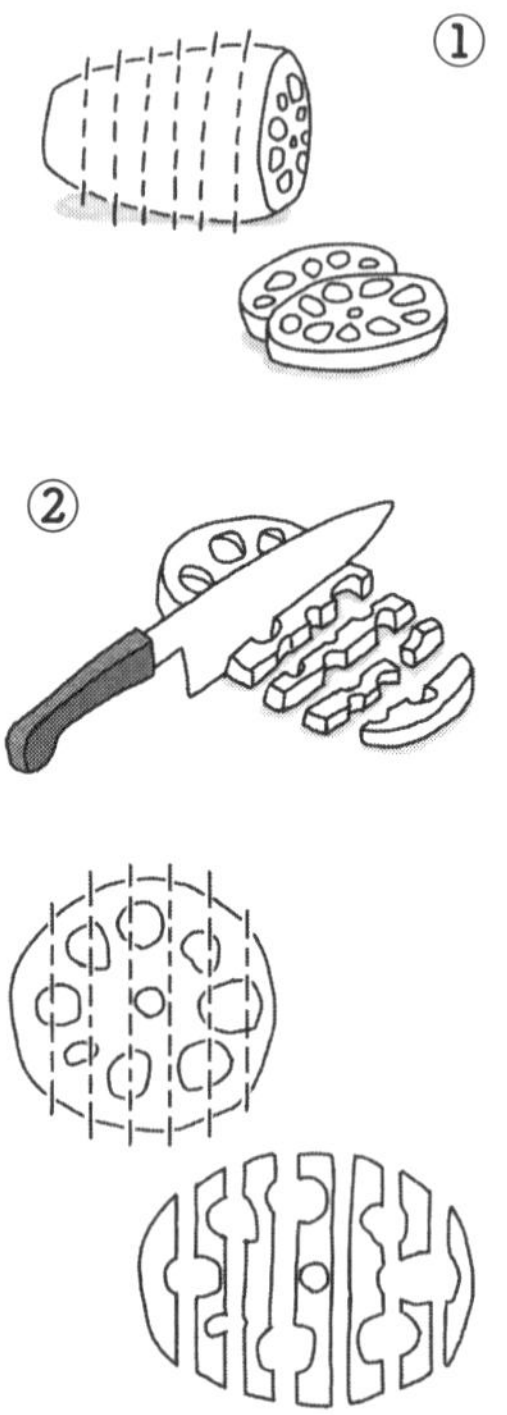

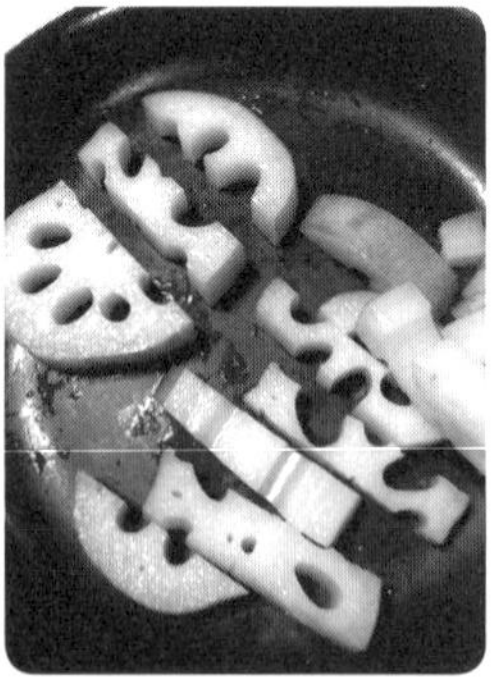

レンコンのピリ辛煮……肉は牛こまでもひき肉でも。薄切りレンコンは水にさらしておく。鍋を熱して油をひき、水気を切ったレンコンを炒め、いったん取り出す。さらに油を加えて牛肉を炒め、鷹の爪と砂糖と醤油を加えてしっかり味を付ける。そこにレンコンを戻して、酒、みりん、好みで出汁を加えて煮込む。

例／ナス⬇皮に、鹿の子包丁を入れる。

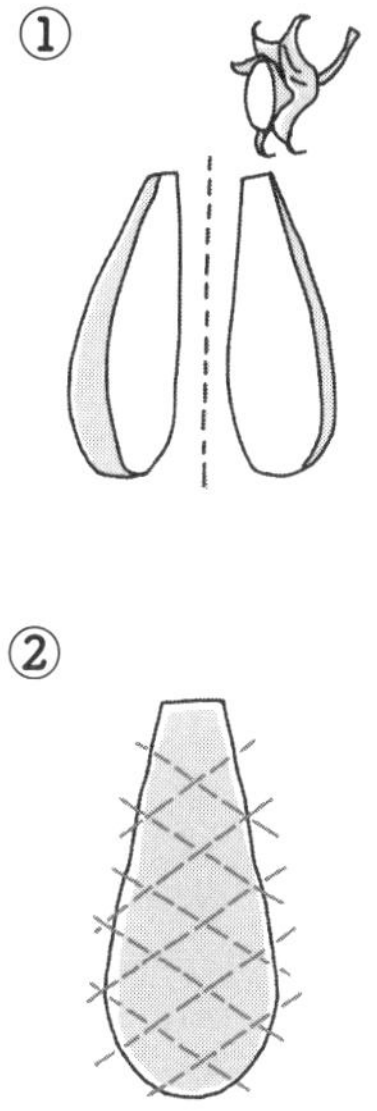

ナスと豚肉のさっと煮……我が家の定番。今でもお盆の時はお供えとして登場します。ナスは大きさにもよりますが縦半分に切って、鹿の子包丁を入れておく。鍋にめんつゆを煮立て、豚肉を入れさっと火を通す。そこにナスを加えて落とし蓋を

して煮る。彩りのインゲンはさっと茹でておき最後に加えて温める程度で。

例／リンゴ⬇斜め切りにすると、とても食べやすくなる！

①

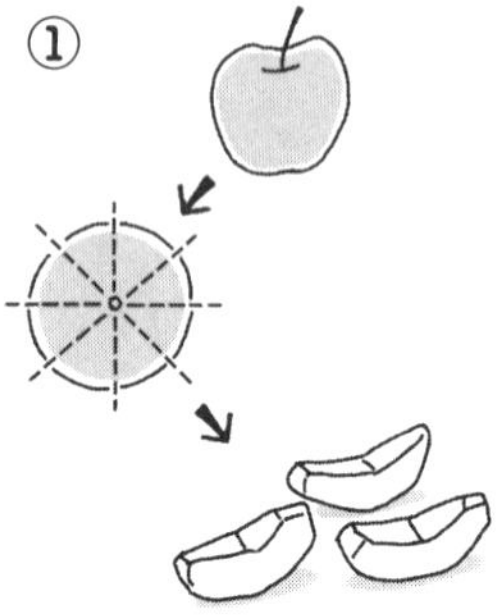

②

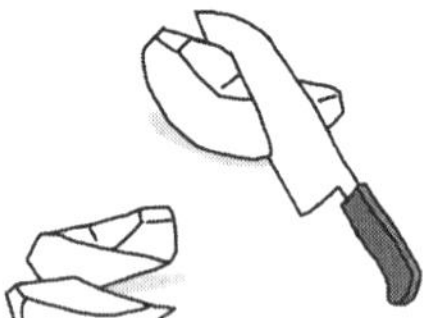

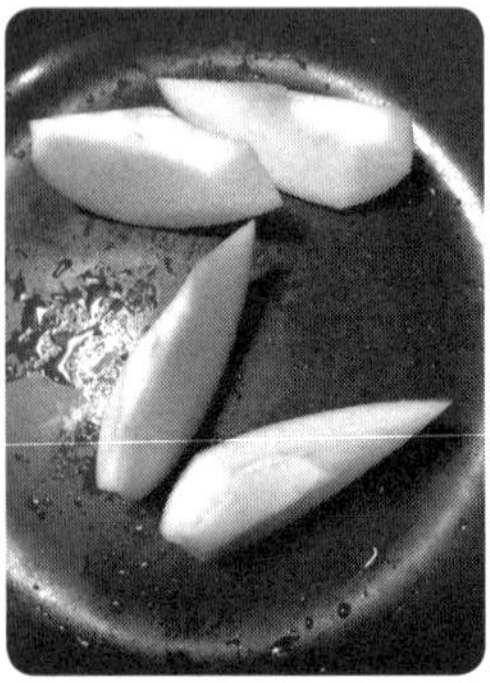

年寄りにモヤシは天敵

年を取るとどうしても歯の隙間はゆるくなるものです。そこを狙って、モヤシが引っかかる。母も入れ歯だったので、やはりモヤシが引っかかって具合い悪い。「だから、モヤシの根をきちんと取って下ごしらえすることが大事なの」と母は言っていました。

同じように歯の隙間に詰まるエノキ。こちらはできるだけ細かく刻んで、極小みじん切りに。スープに入れるといい出汁になります。

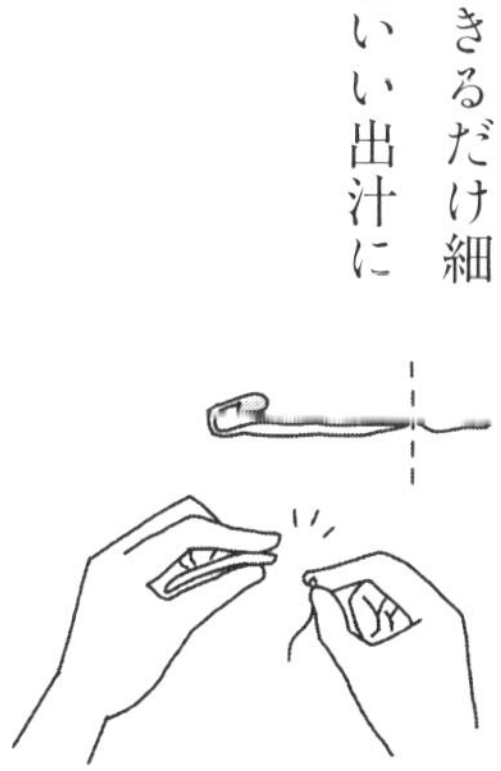

例/モヤシ⬇根をきれいに取るのがコツ。これで入れ歯に引っかからない。

ウサチ(沖縄風酢の物)……さっと湯がいたモヤシとキュウリの千切りを、塩で少しもんでからしっかり水気を絞っておく。油揚げは熱湯を回しかけて油抜きし、細く刻む。練ごま、砂糖、酢を練り合わせ、食べる直前に和える。好みでマヨネーズを少々加えても。また、練ごまの代わりにピーナッツバターを使うとコクのある味わいに。

モヤシの冷やし中華……中華麺の代わりに、さっと茹でたモヤシを使うと、簡単、ヘルシーに変身。

茹でて（蒸して）食べる

葉物野菜などは生で食べるとモゴモゴ感があったりして食べにくいものです。そこで母が選んだのは茹でるという方法です。海藻類も柔らかく茹でて合わせたり、肉や魚も薄切りにして茹でて合わせると、栄養豊富な食べやすい一品に。栄養価をより閉じ込めるという点では、蒸すというやり方もアリです。

青菜の出汁割り醤油がけ……ほうれん草や小松菜、ニラなどの野菜はさっと湯がき、白だしを回しかけておく。しっかり水気を絞ったら食べやすい長さに切って、おかかを添える。食べる時に好みで醤油をかけても。すりごまと砂糖と醤油少々で和えればごま和えに。

茹で葉物＋薄切り肉（魚）……沸騰した湯で豚薄切り肉をしゃぶしゃぶにして皿に上げておく。同じ鍋で一口大にちぎったキャベツ、ネギ、ニラ、白菜、小松菜などや、薄切り大根やニンジンなどなどの野菜を茹で、皿のお肉と合わせる。ごまドレッシングやザーサイドレッシング（万能ダレ、P99参照）、ポン酢などをかけていただく。茹で汁は捨てずに、味噌汁にすると肉や野菜のエキスが入って美味しい。

牛乳を楽しく摂取

九十歳間近の頃に受けた骨粗鬆症検査でも〝五十代の骨〟という判定が出ていたことが示すように、母はその骨粗鬆症の予防としても、カルシウム豊富な牛乳を飲み続けていました。そのまま飲むだけでなく、コーンチャウダーにしたり、寒天を加えて牛乳かんで摂ることとも。

そのままでは牛乳を飲みにくいという人には、オレンジジュースを混ぜてみたり、カラメルシロップやチョコレートシロップを加えたり、夏場はイチゴ味のアイスキャンディーをグラスに入れて牛乳を注いで簡単シャーベットにしたりする方法などを、アドバイスすることもありました。

牛乳かん……牛乳と砂糖を温めて寒天またはゼラチンパウダーで固めるだけ。イチゴやオレンジなどの果物も一緒に固めると彩りも味もアップします。

コーンチャウダー……コーンのクリーム缶や冷凍のミックスベジタブルを使うと、簡単。それらをバターで炒めて牛乳を加え、コンソメキューブを加えたら塩胡椒で味付け。ここにワイン蒸しにしたアサリやエビ、牡蠣など加えると豪華チャウダーに。

白雪姫のグラタン……ランチで茹でたパスタが残ったら、色白の優しい味のグラタンに。長ネギの白い部分をたっぷり刻んで、オイルとバターで焦がさぬようにじっくり炒めたら、小麦粉少々を加え、温めた牛乳を加えてよく混ぜながら煮詰めていく。最後に茹でて残ったパスタを加えて塩胡椒で味を調える。バターを塗った器に注ぎ入れ、表面にパン粉と粉チーズ、バターを散らしてオーブントースターで焼

き上げる。エビや鶏肉を加えれば立派な晩ごはんに。

心も温める汁物で水分補給

年を取ると喉が渇いたという感覚も鈍くなるから、水分の摂取量に要注意。汁物が大好きだった母には、朝のスープから夕餉《ゆうげ》の味噌汁まで、いくつものメニューがありました。一番好きだったのは、ジャガイモとタマネギの味噌汁だった気がしますが、その他にもこんなレパートリーが。

キムチ豆腐のスープ……あれば韓国の牛出汁の素、なければ鶏がらスープの素を溶かしたお湯で豆腐をコトコト温めて、最後に刻んだキムチと万能ネギのみじん切りを加えるだけ。寒い冬に食べると身体の芯から温まります。

ごま油風味の大根の味噌汁……大根の千切りを最初にごま油で炒めるのがコツ。これを加えて作る味噌汁は、簡単ながらとても美味しいものでした。

薩摩汁……ラフテーや油味噌を作るのによく豚を茹でますが、そんな日の夕食はその茹で汁で薩摩汁を。ごぼう、大根、ニンジン、里イモ、こんにゃくなどなど具だくさんの汁はそれだけで立派なおかずになります。最後に好みで七味を振りかけて。

アオサのおつゆ……海藻のアオサは便利で美味しい。小さなサイコロ状に切ったお豆腐を出汁に入れて温め、最後にアオサを加える。香り付けに醤油少々と刻んだショウガをのせてもさらに美味しい。

鶏のスープ……基本はソーキ骨の汁と同じ手順（P139参照）。骨付き鶏はさっと湯通しして血合いなどの部分をきれいにし、水に早煮昆布を入れてしばしおく。昆布を取り出し、日本酒、ショウガを加えた鍋で鶏が柔らかくなるまで煮る。大根は別鍋で下茹でしてから鶏の鍋に加え、

取り出した早煮昆布は適度な長さで結び昆布にして鍋に戻す。塩、出汁の素で味付けし、最後に香り付けとして醤油少々を。おろしショウガを添えていただきます。

オニオングラタンスープ……昔、西麻布にオニオングラタンスープが美味しい母お気に入りの店があり、その味に近づけたスープ。冬場には何度も登場しました。気長にタマネギを炒めて飴色《あめいろ》になったらブイヨンを加え、さらにコトコトしっかり炊いて。あとは隠し味にチェリーリキュールを少々加えることがミソ。器に入れたら薄切りバゲットととけるチーズをのせてオーブントースターへ。熱々になったら出来上がり。

困った時の缶詰頼み

ツナ缶やコーン缶などを用いて、あっという間にごちそうに。母はアイデアあふれる缶詰レシピの数々を考案していました。時間のない時や、料理するのが億劫な時、また雨が降って買い物に行けそうもない日には、缶詰が重宝します。

それと、使いきれずに瓶にちょっと残った佃煮やメンマも、活用次第ではなかなかの一品料理になります。

コーンポタージュ……缶詰のコーンクリームと、バターで炒めたタマネギと牛乳を合わせて。

ツナキャベツ……ツナ缶の油も一緒にキャベツやピーマンを炒めるだけ。

おろしツナスパ……茹でたてのスパゲッティにツナと大根おろしをたっぷりのせてめんつゆを回しかければOK。すりごまと刻み海苔を添えて。

豆苗メンマ炒め……メンマや穂先メンマの瓶詰。美味しくて母も大好きでした。ちょっとだけ残ったりしたら、豆苗と一緒に炒めると、これが立派なおかずに早変わり。

冬瓜の簡単煮物……瓶に残った牛肉の佃煮やアサリの佃煮は、冬瓜と一緒に炊き上げると美味しい。大根でもOK。

乾物を賢く使って

長く日持ちがするし、買ってキープしておくと助かる。使いたい分だけ水で戻せばいい。摂るのが面倒な海藻類も手軽に摂れる。切り干し大根の食物繊維量は抜群で、高野豆腐なども栄養豊富な優等生。母は「本当に日本の乾物は、日本人の知恵。もっと上手に使わなくちゃ」とよく言っていました。祖父母の故郷・沖縄風料理も含め、母の知恵が詰まった乾物レシピが、数えきれないほど残っています。

クーブイリチー（沖縄風昆布と豚肉の炒め煮）……切り昆布と干しシイタケは水で戻しておく。茹で豚は短冊に切り、かまぼこも幅5ミリのスライスに、シイタケも細切りに。糸こんにゃくは湯通ししておく。鍋に油を熱し、水気を絞った昆布を入れて炒めたら、肉と茹で汁、シイタケの戻し汁を加えてひと煮立ちさせる。そこへ他の材料も加えて、日本酒、みりん、醤油、砂糖で調味。

麩チャンプルー……すき焼きに入れたりしても美味しい〝お麩〟。沖縄では炒め物にも使います。溶き卵で麩を戻すのがポイント。溶き卵に出汁の素少々を加え、麩を浸けてしばらくおき、完全に戻しておく。熱したフライパンに軽く絞ったお麩を入れ、焼き色をつけていったん取り出す。モヤシやニラ、ランチョンミートを炒めて麩を戻し入れ、最後に残った卵液を鍋に加えて、塩胡椒、醤油少々で味付ける。

高野豆腐の肉巻き……高野豆腐は水で戻して、しっかり水気を絞って食べやすい大きさに切っておく。豚の薄切り肉を高野豆腐に

クーブイリチー

麩チャンプルー

巻き付け、ごま油で焼いていく。仕上げに醤油、みりん、日本酒、砂糖を加えて、ちょっと甘めの照り焼きにする。

とろろ昆布スープ……器にとろろ昆布を入れ、塩少々と醤油をたらり。あればショウガの千切りを加えて、お湯を注ぐだけで美味しいスープが。

切り干し大根入り卵焼き……父の実家から毎年自家製の切り干し大根がたくさん送られてきました。太めの切り干しは煮物に、細めの切り干しはハリハリ漬けなど、さまざまな食べ方をしましたが、戻した切り干しを入れて作る卵焼きもオススメ。

サキイカ大根……大根をサキイカと共に鍋でコトコト煮る。あっさりとしているようで、いい出汁がサキイカから出ます。塩少々、香り付けの醤油少々で完成。

サキイカ大根

オーブントースターは、高齢者のつよーい味方

料理は何もガスの火を使わなくたってできます。年を取れば、火の前に立つのさえ億劫な時もあるし、ガスの火は危険も伴います。

母はオーブントースターの愛用者でした。魚をホイルでちゃちゃっと包んで、「ジー」という音の出るスイッチを回すだけ。あっという間におかずの出来上がりです。パンをトーストする以外にもオーブントースターは大活躍で、母直伝の「トースター使用の簡単おかずレシピ」がたくさんあります。

鶏手羽先の塩焼き……お酒のおつまみやお弁当のおかずにぴったり。塩をした鶏の手羽先を網にのせ、オーブントースターで焼くだけ。醤油を塗って焼いてもいいし、カレー塩や今はやりのハーブソルトを使えばちょっと変わったおつまみになります。

ココット……耐熱皿にバターを塗ってちぎったキャベツを詰めアンチョビ少々、真ん中にくぼみを作って卵を割り入れ、ホイルで蓋をしてオーブントースターに。最後にホイルを外してチーズを振りかけ、焦げ目を付けたら出来上がり。

簡単リンゴタルト……サンドイッチ用の食パンにバターをたっぷり塗って、薄切りのリンゴを並べ、グラニュー糖もたっぷり振りかけ、さらにバターをのせてトースターに。好みでシナモンパウダーを振ったり、焼きたてにアイスクリームをのせるとさらに美味しい。

スライサーやキッチンバサミを活用!

野菜にスライサーを使うと、薄く細い千切りがすぐできます。噛みやすい。食べやすい。また、火の通りも早くなるので、下茹で不要のメリットがあります。素材によってはキッチンバサミも効果的に使えばさらに助かります。

ニンジンしりしり……沖縄ではニンジンしりしり用のスライサーまで売っているほどポピュラーな一品。千切りにしたニンジンを炒めて、そこにツナ缶を油ごと加えて炒め、塩胡椒で味を調えたら完成。彩りにパセリを振ったり、卵でとじても。また、炒める前のニンジンにちょっと小麦粉をまぶして、平たく押し付けながら焼き上げればお洒落な「ニンジンガレット」に。

豚薄切り肉の野菜巻き……本来なら下茹でするニンジン、ジャガイモの細切りを生のまま豚薄切り肉で巻き、フライパンで焼き付けるだけ。

大根しゃぶしゃぶ……ニンジンや大根をスライサーで細長く薄切りにして、あとは薄切りの牛肉や豚肉と一緒にしゃぶしゃぶ。ラム肉を使って最後にパクチーを山ほどのせるのも美味しいです。お好きなタレで。

彩り野菜のチーズ焼き……スライスしたカブ、ズッキーニなどに、オイルと塩胡椒をまぶして焼き型に色よく並べ、とけるチーズをたっぷりかぶせて、こんがり焼き上げる。

マルチブレンダーを活用！

母の朝食には欠かせないフルーツミックスジュースを作る時の必需品。スイッチを入れるだけで、即座に素材を好みの細かさにしてくれる電動マルチブレンダーは、面倒なみじん切りや大根おろしなど、いろいろ活躍してくれます。「力の要る作業は年寄りにはつらいから、こういう文明の利器に頼ればいいのよ」と、母は野菜のポタージュや、きんとん、お汁粉、ドレッシング作りなどにも使っていました。

簡単お汁粉……昔、母は小豆をちゃんと布巾でもんでさらして、練ったさらし餡《あん》を作っていましたが、晩年は小豆をブレンダーでつぶし、砂糖を加えて、あとは練るだけ。「このほうが皮も入って健康的よ」と、大きなお鍋でたっぷり作っていました。

バナナミックスジュース……ジュース用にと旬の時に買い溜めたイチゴや一口大に切ったパイナップルなどを冷凍庫に保存。それを取り出し、バナナ1本とプレーンヨーグルト適量、牛乳1カップと一緒にブレンダーで混ぜ合わせて。

はんぺんバーグ……ブレンダー容器に、はんぺん、卵、エビむき身、ネギを入れて混ぜ合わせる。それに豚ひき肉と塩胡椒、ちょっぴりオイスターソースとごま油を加えてよくこねる。食べやすい大きさに丸めたら、シソの葉をのせてフライパンで蒸し焼きに。

エビしんじょ……はんぺん、卵、エビむき身、片栗粉少々、日本酒、塩をブレンダー容器に入れて攪拌《かくはん》。それらをスプーンで丸めながら、ちょっと濃いめの出汁を温めておいた鍋の中にそっと入れていく。沸騰しないように温めること。最後に香り付けの醤油を垂らしてから、器に盛り、三つ葉を添えて出来上がり。丸めたものを油で揚げても美味しい。

ごぼうのポタージュ……特に新ごぼうのシーズンが美味しい。同じ旬の新タマネギとアク抜きしたごぼうを炒め、ひたひたのコンソメスープで柔らかくなるまで煮たら、牛乳を加えてブレンダーでガーッと混ぜ、塩胡椒で味を調える。このポタージュは、他の野菜でもできます（P42参照）。

ニンジンドレッシング……適度な大きさに切ったニンジンをブレンダー容器に入れてガーッと回すと簡単にニンジンの超みじん切

ニンジンドレッシング

りが。〝おろし〟になる手前の、ちょっと歯触りがあったほうがいい。あとは好みでオリーブオイルかサラダ油に、塩胡椒、砂糖少々と酢を、よく混ぜたら完成。

ジンジャーシロップ……ブレンダーですりおろした新ショウガを鍋に入れ、キビ砂糖と水を加えて火にかける。少しとろみが付くくらいまで煮詰め、粗熱が取れたら完成。保存瓶に移しておきます。例えばショウガ焼きの時に使うと美味しさも増し、カレーの隠し味にも。なお、レモン汁、クローブ、シナモンなどのスパイスを利かせて作れば、ジンジャーエールの素になります。ソーダで割ったり、冬にお湯で割ると身体が芯からホカホカします。

めんつゆ、ポン酢も調理で活躍

めんつゆやポン酢は、高齢者にとっては、重宝する調味料です。例えば、市販のコロッケ。そのまま食べてもいいのですが、めんつゆを温めた小鍋の中に、市販コロッケを入れて卵でとじるだけでも、オツな一品が出来上がります。

★めんつゆ使用で——

夏野菜の揚げびたし……夏場は色とりどりの野菜が美味しい季節。さっと素揚げにし、たっぷり大根おろしをのせて、めんつゆを回しかけるだけの簡単料理。一緒に豆腐も揚げて加えれば栄養も満点。

ナスとごぼうの柳川風卵とじ……薄切りにしたナスとささがきごぼうをめんつゆで煮て、最後にネギをたっぷり加えて卵でとじたら出来上がり。ご飯にのせても。

ナスと豚肉の煮物……ナスと豚肉を、めんつゆでちょっと甘めに炊き、最後にインゲンを加えてひと煮立ちさせて出来上がり。そうめんを加えて食べることもあり。

★ポン酢使用で――

鶏手羽元のポン酢煮……塩をしてさっと焼き色を付けた鶏の手羽元を鍋に並べ、ポン酢と水を1：1とし、日本酒大さじ1杯とみりん大さじ3杯を加えて煮るだけ。お酢の効用でさっぱりと、しかも柔らかく仕上がります。

イワシの梅ポン酢煮……イワシは頭と内臓を取りよく洗って水気を拭き取っておく。鍋にショウガの薄切り、梅干し、水、日本酒、みりんを入れて煮立ててから、ポン酢と共にイワシを加えて煮る。

カブのソテー……カブは厚さ約1センチの輪切りにして、バターを溶かしたフライパンで色よく両面を焼き上げる。最後にポン酢を振りかけて完成。カブの葉も、みじん切りにして一緒に炒めると、栄養価も上がり、彩りにもなります。

昆布茶やお茶漬けの素などを味方に

面倒な出汁をとらなくても、昆布茶を調味料代わりに使うだけで、昆布の旨味が出て美味しい味になります。

牡蠣めし……昆布茶をお湯で溶いて煮立てたところへ、水洗いした牡蠣を入れてしばし煮た後、牡蠣を取り出す。牡蠣の旨味が出た汁が冷めたら、その汁でご飯を炊く。炊き上がったら千切りショウガと牡蠣を戻し、少し蒸らして完成。

トウモロコシご飯……旬のトウモロコシは、茹でて食べるのも美味しいですが、生のままご飯に炊き込むとほんのり甘くて美味しいご飯に。米3合に対し、トウモロ

芯も一緒に炊き込むと美味しさアップ

コシ1本、昆布茶小さじ1½。身をそぎ落とした芯も一緒に炊き込むことでさらに風味アップ。昆布茶がない場合は、昆布10センチ、塩少々でも可。ちなみにトウモロコシを茹でた汁で味噌汁やコーンスープを作ると最高です。

野菜の即席漬け……キュウリやセロリ、カブを厚さ5ミリくらいの薄切りにして、おつまみのイカの燻製《くんせい》と共にポリ袋に入れ、そこに昆布茶を加えてよくもむ。袋の空気をしっかり抜いて冷蔵庫で約1時間冷やせば完成。キャベツや白菜などでもOK。

豆腐茶漬け……サイコロ状に切った豆腐にお茶漬けの素を振りかけて、わさびをのせてお湯を注ぐ。とても簡単で、ヘルシーな一品です。

朝子スペシャルの「万能ダレ」と「肉みそ」は、超便利

いずれも、簡単に作れて、いろんな料理に大活躍。瓶等に入れて冷蔵庫へ。出番が多いので、いつもたくさんの量を保存していました。

●**万能ダレ……**そのまま豆腐にかけたり、蒸し鶏と共に中華麺と和えたり、お鍋の時のタレにも。ネギワンタンや青菜の蒸したものにかけてもよく、まさに万能です。

「万能ダレ」の作り方

材料／ごま油、醬油、酢、ザーサイ、ネギ

作り方／「ごま油1：醬油2：酢2」で混ぜ合わせるのが基本。甘めが好みなら、寿司酢を使ったり、砂糖を少々加えても。そこにみじん切りのネギと刻みザーサイをたっぷり加えれば出来上がり。

●**肉みそ……**母がよく作っていたのは〝沖縄風の肉みそ（油みそ＝アンダンスー）〟。茹で豚に味噌と砂糖を加えて練り上げたもの。これをご飯にのせるだけで食が進みます。おにぎりの具にしても、すごく美味しい。この油みそさえあれば、キャベツ

しかない時もこの油みそとオイスターソースをちょっと加えれば回鍋肉《ホイコオロウ》もどきが簡単にできます。母は、ナスやピーマンと厚揚げを炒め合わせたのが好物でした。
肉みそと一緒に、ネギやタケノコ、シイタケのみじん切りも合わせて炒めて、ご飯と共にレタスにくるんで「肉みそレタス包み」。キュウリの千切りと共に中華麺にのせれば「ジャージャー麺」。豆腐の上にパクチーと一緒にのせてもいいし、チャーハンの具にもなります。

「基本の肉みそ」の作り方

材料／豚ひき肉……300g、ニンニク……ひとかけ、ショウガ……ひとかけ、紹興酒……大さじ2、八丁味噌または甜麺醤《テンメンジャン》……大さじ6、砂糖……20g、醤油……大さじ1

作り方／ニンニクとショウガのみじん切りとひき肉を炒め、紹興酒、八丁味噌（甜麺醤）と砂糖、醤油で、濃いめに味付ける。瓶などで保存。

基本の肉みそを豆腐やナスにのせて

「油みそ＝アンダンスー」の作り方

材料／豚バラまたはロース塊肉……500g、味噌……200g、日本酒……大さじ3、みりん……大さじ1、砂糖（キビ砂糖や黒砂糖でも）……80g、豚の茹で汁……50㎖

作り方／豚肉は柔らかくなるまで茹でて、小さく刻む。茹で汁と浮いた脂は取っておく。熱した鍋に豚の脂と肉を入れて炒め、そこへ豚の茹で汁と共に各調味料を加えて練り上げる。瓶などで保存。

油みそをご飯にのせるだけで美味

油みそ（アンダンスー）作り

電子レンジを助っ人にして、おかずをどんどん増やす

火を使わなくて済む電子レンジは、高齢者にとって安心な調理器具。助っ人にしな

い手はありません。チンするだけの簡単さで、母は「蒸し鶏」「蒸し魚」をよく作っていました。実は、これらを作っておくと、いろんなおかずが〝イモづる式〟のように次々とできるのです。

●「電子レンジ蒸し鶏」の基本の作り方

基本の和風なら、鶏肉に塩をして深皿に入れ、ショウガとネギの青い部分をのせ、日本酒を回しかけラップしてチン。日本酒の代わりに紹興酒を使えば中華風に、ワインを使えば洋風になります。冷ましてから密閉容器に保存しておくと便利。

冷やし鶏……和風に蒸した鶏肉は、薄切りにして片栗粉をまぶし、さっと湯がいて冷水にとって冷やす。シソの葉と共に器に盛り、わさび醤油で食べる。

よだれ鶏……中華風に蒸した鶏肉を薄切り

冷やし鶏

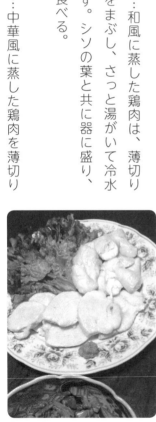

にして並べ、万能ダレ（P99参照）と〝食べるラー油〟を混ぜてかけると、ピリッと辛いおつまみに。

鶏肉のサラダ……洋風に蒸した鶏肉をほぐして、セロリの薄切りと共にマヨネーズで和える。サラダ用の菜っ葉にのせて食卓へ。

よだれ鶏

●「電子レンジ蒸し魚」の基本の作り方

白身魚の切り身なら何でも大丈夫。深めのお皿を用意。和風なら、ネギやワカメなどを敷いて切り身をのせ、ショウガの千切りを散らし、塩少々と日本酒を振りかけてラップしてチン。塩の代わりに梅干しをのせても美味しい。
洋風なら、薄切りタマネギや野菜を敷いて魚をのせ、塩胡椒とワインで調味して最後にバターをのせて。アサリやイカを加えても豪華になります。中華風なら、ニンニクと紹興酒で。たっぷりのキノコなど、一緒に入れる具材はお好みで。

スズキの洋風蒸し……薄切り野菜を敷いた上にスズキの切り身をのせ、塩胡椒とワインで調味。最後にバターをのせるのを忘れないように。

鯛の中華風蒸し……ニンニクと、日本酒の代わりに紹興酒を加えれば、中華の味になります。最後に白髪ネギをのせ、熱々のごま油を回しかけて召し上がれ。

●野菜もチンして

皮の硬いカボチャなどもレンジでチンするだけで切りやすくなるし、カレーやオニオングラタン用の〝こんがり炒めタマネギ〟も、最初にチンしておくと炒める時間が短縮されます。

大皿シュウマイ……シュウマイの皮がなくてもできる簡単シュウマイもどき。ちょっと深めの器（美味しいスープが出るので）を用意し、洗って食べやすい大きさにちぎったキャベツや白菜、ネギを敷き詰める。豚ひき肉、みじん切りのネギ、鶏がらスープの素、酒少々をよく混ぜ合わせたものを野菜の上に広げながらのせる。ラップで覆ったら電子レンジでチン。ポン酢や万能ダレ（P99参照）などに浸けて食べる。
ちなみに、白菜を使わず、ラップの代わりにチンゲン菜で包んで電子レンジでチンすると「花シュウマイ」にもなります。

チンゲン菜で包んだ「花シュウマイ」

オニオンフラワー……新タマネギが美味しい季節のオススメ簡単料理。新タマネギは縦に八つくらいになるよう切り込みを入れて器に。そこへバターと顆粒コンソメ、塩を振りかけ、ラップして電子レンジでチンするだけ。最後にセルフィーユなどを飾ればパーティー料理にも。水分が出るので深めの器を使用すること。

漬け込んで、美味しく、柔らかく

母はより食べやすくする工夫として、次のようなやり方を実践していました。漬け込むことで、肉が柔らかくなったり、野菜が長持ちしたり。味と風味が一段と増します。

●ヨーグルトに漬ける

インド料理のタンドリーチキンがいい例ですが、鶏肉はヨーグルトに漬け込むことによって、柔らかくもなり、旨味も増します。

ウインナワールドチキン……ウィーン料理の店で出していた名物料理。たっぷりの香辛料パプリカと塩胡椒を加えたヨーグルトに、骨付き鶏を漬け込んで一晩おいて焼き上げる。パプリカではなくカレー粉にすればタンドリーチキンになります。

●ワインに漬ける

とくに牛肉はワインやタマネギと漬け込むと肉が柔らかくなるだけでなくワインの風味で肉の臭みも抑えられます。

ブッフブルギニョン……シチュー用の牛肉に塩胡椒したものとタマネギの薄切りをワインに漬け込んで一晩おく。翌日大きな鍋でタマネギを炒め、そこに肉を加え、赤ワイン1本分を注いでローリエと共に煮込んでいく。肉が柔らかくなったら、トマト、ウスターソース、塩胡椒で味を調える。

●酢に漬ける

酢に漬けることで野菜等が長持ちし、食べやすくなります。

ポテトも加えたブッフブルギニョン

簡単ピクルス……ミョウガは半分に切ってさっと湯がいて、熱いうちに寿司酢に漬け込む。食べやすい大きさに切ったキュウリ、セロリ、カブやズッキーニなどに塩をしてもんでしばらくおく。野菜から出た水はしっかり絞って、先のミョウガ酢に加える。

細切り野菜の中華風漬物……大根やニンジンの面取りした切れ端を軽く塩でもんでおいたものや、白菜の芯を細切りにしたもの、など。それらを寿司酢に漬け、最後に熱したごま油を少々かける。好みで鷹の爪などを加えればピリ辛になります。

●味噌に漬ける

発酵食品の味噌に漬けることにより風味もよくなり、食材も柔らかく仕上がります。漬け込んだものをしっかりラップして冷凍しておけば、困った時の一品に。

切り身魚の西京味噌漬け……西京味噌200g、日本酒とみりんは各大さじ1、砂糖小さじ2の割合でよく練って、味噌床を作っておく。切り身の魚はまんべんなく塩を振り30分ほどおいて、余分な水分と臭みを抜いておく。出てきた水分はキッチンペーパーで十分拭き取って、味噌床に入れ、味噌でしっかり覆ってから冷蔵庫で一日漬け込む。焼く時は、味噌を拭き取って。日本酒少々を振りかけて焼くと、しっとり美味しい仕上がりに。肉や野菜を漬ける場合も同じ要領です。

カンタン豆料理

「豆」は、高齢者の身体に必要なタンパク質が摂れる食材です。母のアイデア豆料理をいくつかご紹介。

朝子風・お豆のかき揚げ……「枝豆＋トウモロコシ＋桜エビ」ほか、茹で大豆や金時豆などと野菜や魚介類を組み合わせたかき揚げのアレンジはいろいろ。衣を付ける前に、まず豆に粉をまぶしておくことがポイント。こうするとバラバラになりにくいのです。

朝子風・チリコンカン……ミートソースが残ったら、缶詰の茹で大豆や金時豆などを加え、チリパウダーで味付ける。

スパイシー枝豆……枝豆は栄養豊富だけれど、いつも塩茹でだけじゃ飽きるからと、ちょっとアレンジ。あっさりならオリーブオイル、こってりならバターで、ニンニクのみじん切りと共に生の枝豆をさやごと炒め、焦げ目が付いたら塩胡椒し、醤油を少々回しかけて蓋をし、中火で5分ほど蒸し焼きにすれば出来上がり。パプリカやチリパウダー、

朝子風・お豆のかき揚げ

朝子風・チリコンカン

クミンなどで味付けしたらエスニック風味に。

カリカリ大豆……市販の茹で大豆に片栗粉をまぶして高温の油で揚げる。別鍋に砂糖と醤油を煮詰めたところに揚げたての大豆を入れて、いりごまを加えて絡める。バットに広げて冷ませばOK。大豆の飴がけ、ですね。

バリエーション豊かに豆腐を食べる

母は「高齢者にとって、豆腐ほど、食べやすく、栄養豊富な食品はない」と言って、いろいろな料理に使っては、毎日のように食べていました。例えば「冷や奴」一つとっても、上にのせるものをさまざまに替えて。豆腐もご飯と同じでどんなものにでも合います。市販のなめ茸やモズクの酢の物、古漬けキュウリや沢庵のみじん切りなどをのせるだけで一味違う冷や奴に。そのまま黒蜜をかければデザートにも変身します。

あんかけ豆腐……めんつゆを入れた鍋で、豆腐を芯までじっくり温めて器に移し、わさびをのせる。鍋のめんつゆに水溶き片栗粉を加えてとろみを付け、豆腐にかける。さらに豆腐の上に刻んだ煮アナゴやウナギ、たたいたエビなどをのせると、おもてなし料理になります。

豆腐のステーキ……沖縄の豆腐は、縄をかけて持って帰れるほど硬くてどっしり。普通のと違って生の大豆を搾って作るからだとか聞いたことがあります。母はそれに似せて木綿豆腐を使用。しっかり水気を切った豆腐に塩をして、コーングリッツをまぶしてオリーブオイルで焼く。ただそれだけなのに香ばしくて美味しいステーキに。

ふわふわ豆腐スープ……たっぷりのネギとショウガをみじん切りにして、ごま油で炒める。そこに崩した豆腐を加えてさらに炒め、鶏がらスープを加え、塩胡椒で味を調えたら完成。冬にぴったりのトロトロスープです。

鍋一つで、あっという間に「極ウマ・重ね煮」

母が次々とアイデアを出して楽しんでいたスペシャルおかず。その中からいくつかをご紹介。鍋が一つあればすぐにできて、片付けも楽です。

ネギ豚……ネギを数本、斜め薄切りにして、鍋の底に敷き詰める。その上に豚薄切り肉を並べ、さらにその上にショウガの千切りをのせる。お酒を振り入れ、蓋をして蒸し煮に。簡単なのにめちゃめちゃ美味しい蒸し煮の出来上がり。

白菜のミルフィーユ……白菜とニンジンは同じ長さに切り揃え、ニンジンは薄切りに。白菜・豚肉・ニンジンの順で重ねていきながら鍋に詰め込み、トマトを真ん中に1個置く。出汁を少々張り、蓋をして弱火でコトコト

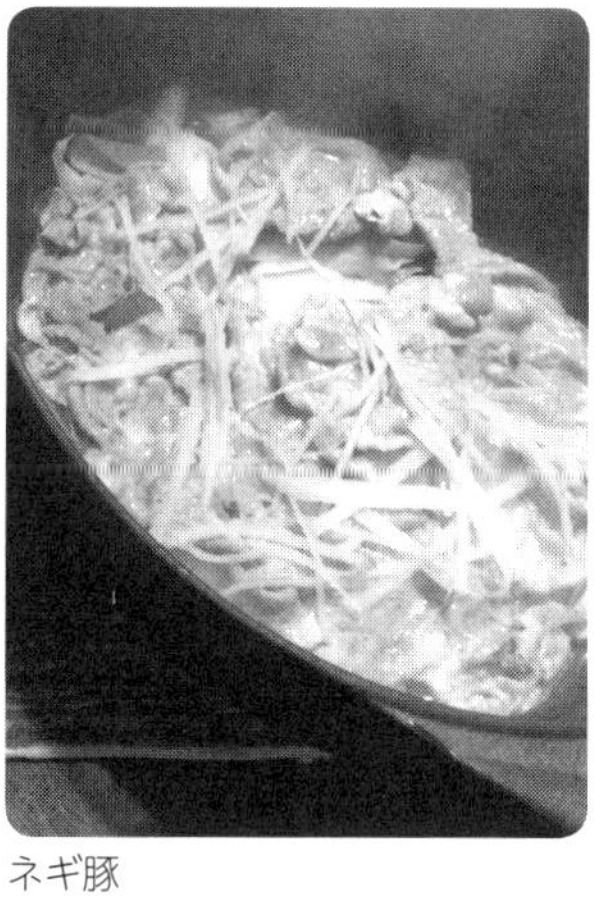

ネギ豚

白菜のミルフィーユ

……それだけでOK。

キャベツとひき肉のまるごと煮……キャベツの芯をくりぬき、葉をはがす。みじん切りのタマネギとニンジンを炒めたものに、塩胡椒、ナツメグ、ひき肉を加えよく混ぜ合わせる。それとベーコンなどを、葉の間に挟みながら元のキャベツの形にして鍋の中に。コンソメスープ少々と白ワイン、ローリエを加えて蒸し煮にする。

野菜たっぷりの時短おかず

「とにかく野菜はたっぷり食べる」がモットーだった母には、野菜の料理レシピがいっぱいです。

青菜の蒸し煮……厚手の鍋に、洗ってちぎった青菜をたっぷり入れ、生ハムとニンニクをのせ、オリーブオイルを回しかけて蒸し煮に。歯

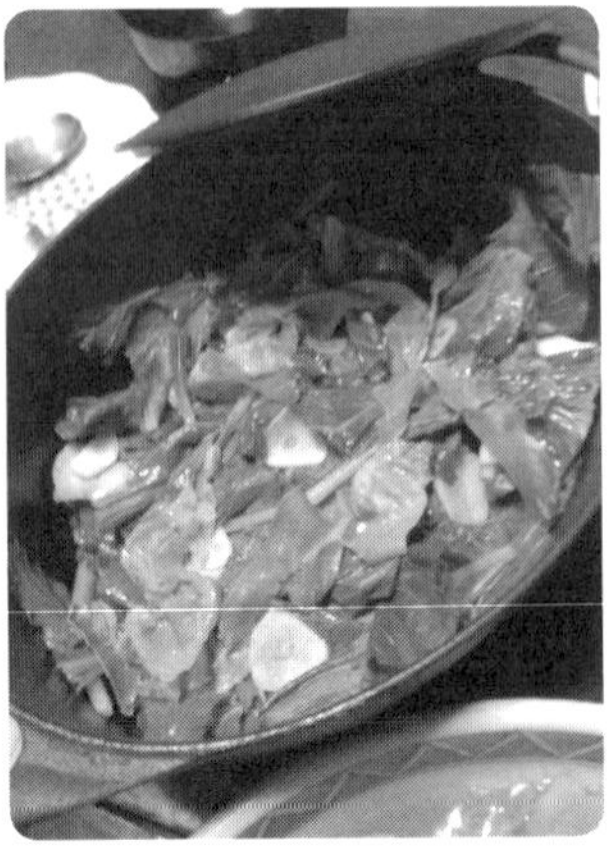

ごたえを残しても、くたくたにしても両方美味しい。オリーブオイルの代わりにごま油を使えば中華風に変身。

ラタトゥイユ……ナス、ニンジン、ズッキーニ、カボチャなど、いろいろな野菜を食べやすい大きさに切って、ニンニクと共にオリーブオイルで炒め、塩胡椒したら乱切りトマトかトマトジュースを加えて煮込む。ローリエを加えたり、クミンなどのスパイスを利かせても。熱いのも冷めたのも美味しい。

コールスロー……キュウリ、セロリ、キャベツなどを太めの千切りにして塩胡椒し、オリーブオイル又はサラダ油、寿司酢を加えてよく混ぜ込む。ここで冷凍のコーンを混ぜ込むとほどよく冷えてすぐ食卓に出せますが、しばらくおいておいても、さらに味が染み込んで、こちらもいい味になります。

ナスのシシリー風サラダ……食べやすい大きさに切ったナスをニンニクと一緒によく炒め、塩胡椒で味を調えたら、レモン1個を搾ってかける。粗熱が取れたところで冷蔵庫へ。よく冷やしてから食べる一品。

まるごとニンジン……小ぶりのニンジンにオイルをまぶし、塩胡椒してオーブンで焼き上げる。仕上げにバルサミコ酢を振りかけて。ナイフとフォークで食べるニンジン！

肉が食べたい！

老人だろうがなんだろうが、好きなものは好き。サイコロに切る、筋は切る、たたいて繊維を壊すなどのひと手間で、お肉は美味しくいただけます。我が家の場合は、近所に「竹井」という、どの肉も質がよくて美味しい肉屋さんがあったおかげかもしれないのですが、母はあの手この手で好きな肉の料理を食べることにトライしていました。作り方も簡単。

豚ヒレの黒酢すぶた……豚ヒレを一口大に切り分けて塩胡椒し、片栗粉をまぶして油で揚げる。タレは黒酢と紹興酒、オイスターソース、砂糖。それらを煮立てておき、揚げたてのお肉を絡める。同じように揚げたタマネギやニンジンを加えても。

豚ヒレの黒酢すぶた

煮込みハンバーグ……ひき肉と、しっかり炒めたタマネギのみじん切りをこね合わせたハンバーグにフライパンで焼き色を付け、そこに味付けとして入れるのはトマトケチャップとウスターソース。赤ワインがあったら、それも加えて煮込むとさらに美味。

すき焼き……作り方は関西風。熱したすき焼き鍋で牛脂の塊を適量溶かしていき、牛肉を入れて焼き付ける。砂糖と醤油を加え、こってりと味付けした牛肉をまずいただいてから、鍋にネギや豆腐や白滝を入れ、出汁を張る。最後に春菊を入れて。

我が家の大晦日の夕食はすき焼きと決まっていて、父が元気だった頃は鍋奉行担当で、家族揃ってワイワイ食べたものでした。

カレー粉さえあれば

母はカレーライスも大好物でした。昔ながらの家庭風カレーから本格的インドカレーまでよく作って食べていました。

何よりもカレー粉は食欲を増進させます。食欲がない時はカレー粉の出番です。いつもの料理にちょっとカレー粉をプラスするだけで、新しい味にもなります。

⬇例えば **カレーピクルス**……ピクルスにカレー粉を振り入れて馴染ませる。
⬇例えば **野菜炒めカレー風**……カレー粉を加えると、また違った美味しさに。
⬇例えば **カレー味・アジフライ**……衣作りの小麦粉にカレー粉を混ぜて。

牡蠣で栄養補給

私の祖父が、牡蠣の養殖法を開発して生産向上に尽力したことはすでにお話ししましたが、現在も宮城県石巻では親戚が牡蠣の養殖をしていて、季節には送ってくれます。そんなこともあり、我が家では食卓に牡蠣がよく上りました。「海のミルク」とも呼ばれて栄養豊富な牡蠣は、柔らかくて食べやすいので、とりわけ高齢者向けにはとても重宝する食材です。父が千葉で養殖をしていた頃は母も牡蠣の殻むきをしたり、一斗缶に詰め込んだ牡蠣をお得意さまにお届けしたりしていたそうです。「だから牡蠣の殻むきは得意なの」と言っていた母は、例えばこんな料理をよく作っていました。

牡蠣フライ……塩を振ってしばらくおいてからよく水洗いした牡蠣に、小麦粉・卵・パン粉の順に衣を付けて揚げるだけ。なんて手順だけ書くと簡単そうですが、火を通し過ぎず、こんがり揚げるのが結構難しい。

土手鍋……父の故郷である愛知の八丁味噌を使った父の好物。本来は鍋の縁に八丁味噌を塗り付けたりするようですが、我が家では、八丁味噌を溶かし込んだ鍋に、いちょう切りのニンジンや大根、ささがきごぼう、豆腐を入れて火を通し、最後に牡蠣を加えてひと煮立ちさせて食べます。

牡蠣のベーコン包み……水洗いした牡蠣にベーコンを巻き付け、フライパンで焼く。仕上げに黒胡椒をたっぷり振って。

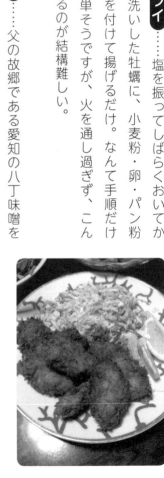

自分で作れる簡単デザート

お酒好きだったけれど甘党でもあった母。家族の夕食後のデザートはもちろん、自分の楽しみのためにも、簡単にすぐ作れる〝甘いものレシピ〟をいろいろ工夫していました。〝岸朝子スペシャル〟の簡単デザートをいくつかお教えします。

黒糖かん……黒砂糖と水を煮立ててシロップにし、寒天を加え、最後にショウガの搾り汁を少々加えて固める。リンゴやバナナなどと一緒に固めれば、味も見栄えもグッド。

ほうじ茶ゼリー……濃いめに淹れたほうじ茶に砂糖を混ぜ、ゼラチンを加えて容器に流し入れる。固まったら、サイコロ状に切って器に盛り、茹で小豆やアイスクリーム、黒蜜を添えれば、ほうじ茶あんみつの出来上がり。市販のほうじ茶パウダーを使うと簡単にできます。器で固める時、先に栗の甘露煮や粒餡を器の中に入れてからゼリー液を注ぐと、さらにお洒落なデザートに。

トマトのゼリー……プチトマトが安い時にまとめて買ってシロップ煮物に。ソーダ割りで飲んで楽しめるほか、ゼリー仕立てにすると、さわやかで美味しいデザートになります。プチトマトを熱い湯に浸けて皮をむき、シロップを煮立てた鍋に加えてさらにひと煮立ちさせる。粗熱が取れたら一晩冷蔵庫で冷やす。翌日プチトマトを取り出してシロップを火にかけ、ゼラチンを溶かす。洗ったプラスチックの卵ケースにプチトマトを並べ、そこに冷ましたゼリー液を注いで固めればOK。ちょっとした前菜にもなります。

プチトマトのシロップ煮物

簡単モンブランアイス……器に盛ったアイスクリームの上に、ふかしたサツマイモを網で濾しながら回しかけるだけ。本当は茹でた栗で作るのですが、安上がりで簡単で大変美味しいです。

サーターアンダギー……ドーナッツの沖縄版です。ホットケーキミックスで作ってもOK。粉を溶いたタネをスプーンですくいながら低温の油に入れて揚げる。お箸でくるくるかき回しながら揚げると、チューリップのようにきれいな花が開きます。

アマカリトースト……デザートというよりは、朝食にもなる一品。フライパンにバターを溶かしたら砂糖を入れ、溶け始めたところに一口大に切った食パンを入れて絡めながら焼き上げる。飴になった部分がカリカリとしてバターの風味も口中に広がります。砂糖＋バターの甘過ぎる誘惑！　カロリーが高いのが難点ですが、母は「まったく悪魔的な食べ物ね」と言いながら、いそいそと朝食で食べることもありました。

コラム

母の健康管理術

老化に少しでも負けない方法として、母が掲げていた六カ条というのがあります。

①栄養バランスがとれた食事を適量に摂る。
②ほどよい運動をする。
③社会に遅れないように読書などして適度に頭を使う。
④健康診断を受け、身体の状況に応じて健康上の指導を受ける。
⑤年齢のことを気にしないが、ある程度のわきまえをもって、なるべく心を若く保つように努める。
⑥高年齢になって起こりやすい心理的変化をよく知り、欠点を自制して避け、家族との調和を心がける。

①の食事術については、本書でご紹介した通りです。また②についても、いろいろ工夫して身体を動かすように努めていました。

おっとりした話し方から意外に思われるかもしれませんが、母は水泳が得意で、とりわけ海で泳ぐことが好きでした。

中年になってからも、小さい頃住んでいたことがある湘南の浜に毎夏出かけては、沖合のブイが係留されているところまで泳いでいって折り返し、浜まで泳ぎ戻ってくることをずっと自分に課していました。

毎年毎年、そうやって同じ距離を泳いで、「自分の体力は、まだいける、まだいける」と確認していましたが、五十三歳の夏、とうとうその距離がきつくなってしまいました。

でも、そこまで頑張ったことは素晴らしいことで、水泳が母の元気な身体の基礎をつくってくれたに違いありません。

＊

遠泳をやめてからは、できるだけ多く歩くことを心がけていました。その際に履く母の靴は常に高さ三センチのヒールつき。スーツを着て仕事に出かける時も、近所のスーパーや商店にちょっと買い物に出かける時も、死ぬまで三センチヒールでした。

これくらいヒールがあると背筋がしゃんと伸びます。「背筋を伸ばしているだけでも歩き姿が美しくなるのよ」と母は言っていました。当然、脚の筋肉にとってもいい運動になったはず。決してよたよたのおばあさんにはならないという気概を、見せてくれていたような気がします。

特別レシピ

今も思い出すあの味
母の得意料理10

岸朝子が、ひとりの主婦として、母親として、
長年家族のために作っていた手料理の中から、
とりわけ思い出深い味をご紹介します。

鶏モモ焼き

母特製「お誕生日チキン」はいつも奪い合いだった

母が亡くなって、「ああ、あの味をもう一度食べたい」と思うものの一番は、なんと言っても、私たち子どもの誕生日に母が特別に作ってくれる「お誕生日チキン」です。

このチキンは衣をつけて揚げるのではなく、そのまま油をひいただけの中華鍋で焼いて仕上げるもの。インドカレーのナンを窯《かま》の内側の肌にくっ付けるようなやり方に似て、大勢分の骨付き鶏モモ肉を中華鍋に貼り付けてキツネ色になるまで焼き付け、重たいすり鉢を逆さにかぶせて蒸し焼きにしていくのです。美味しそうな匂いが辺り中に漂います。

四人いる子どものうち誰かの誕生日がくれば、皆それにありつけます。だから「○ちゃん、お誕生日おめでとう」という気持ちより、「やった、○ちゃんのおかげでチキンが食べられる！」という感じ。

「あの味をもう一度」と、今でも私が皆から頼まれることがあり、なんとか母のレシピをもとにして再現にトライしています。

鶏モモ焼き

材料

骨付き鶏モモ肉……2本　塩、胡椒……各適量
めんつゆ……1/2カップ　日本酒……大さじ2
みりん……大さじ2　サラダ油……適量

作り方

❶鶏モモ肉は塩胡椒をして、皮全体にフォークで穴を開けておく。

❷温めたフライパンにサラダ油をひき、鶏の両面にこんがり焼き色を付ける。蓋をして火を弱め蒸し焼きにする。

❸最後に調味料を加え、火を強め、全体に絡めて出来上がり。

カスタードプリン

一つの容器で出される大きなプリン！

デザートは岸家の夕食に欠かせないもの。昔は食後に父が子どもたちを集めて簡単な漢字ゲーム（例えば糸偏の漢字をいくつ書けるか、など）をしてくれて、負けた人が近所のお菓子屋さんにアイスクリームを買いに行きました。

もちろん母も、さまざまなデザートを手作りしてくれました。プリンや牛乳かんや、サツマイモをバターで焼いたもの……などなど。

なかでも子どもたちは皆、母の作るプリンが大好き。

材料はシンプルに卵と牛乳と砂糖だけなのに、その美味しいことといったら――。仲良く分けなさいねと一つの大きな器入りで出されるのですが、そうすると各自の取り分は少なくて、食いしんぼの私はいつも（独り占めで大きなプリンが食べたいな）と思ったものでした。

カスタードプリン

材料

卵……4個　牛乳……500ml　グラニュー糖……100g
カラメルソース用(水……大さじ3、グラニュー糖……100g)

作り方

❶カラメルソースを作る。鍋にグラニュー糖と水を入れて火にかけ、鍋をゆすりながら煮詰めてこんがり焦がしていく。いい色になって煙が上がってきたらお湯少々を注いで色止めして、熱いうちに器に流しておく(カラメルソースの出来上がり)。

❷卵はボウルでしっかり溶きほぐしておく。

❸別の鍋に牛乳とグラニュー糖を入れて温め、沸騰させないようにしながらグラニュー糖をよく溶かす。

❹粗熱が取れたらボウルの卵に加えてよくかき混ぜ、一度濾してから静かに器に流し入れる。

❺湯気の立つ蒸し器の中に④を置いて中火で蒸し上げる。器の大きさによって蒸す時間は変わるが、竹串を刺してみて卵液がついてこなければ出来上がり。

※火が強過ぎるとスが立つので火加減には注意しつつ、何度か途中で様子を見るとよい。カラメルソースは多めに作り、残りにお湯を足してシロップにし保存しておくと、牛乳に入れて飲んだり、タルトタタンに使ったりと便利。

ポークチョップと粉吹きイモ

口のまわりにケチャップをつけながら夢中で食べた

これも誕生日などのお祝いの時に、母が作ってくれたメニューの一つでした。ケチャップ味なのが嬉しくて、子どもの頃は〝ポーク＋ケチャップ〟だからついつい「ポークチャップ」と呼んでしまっていたのですが、正確には「ポークチョップ」。骨付き肉のソテーです。ちなみに「ポークチャップ」という料理もちゃんとあって、骨なし肉を日本風のケチャップ味で仕上げたもののこと。きっと母は、それら二つのいいところを美味しく合わせてくれたのかもしれません。

付け合わせはたいてい粉吹きイモでしたが、その他、コーンや芽キャベツ、ニンジンのバターグラッセなどのことも。

そうそう、こんなことがありました。ある日、私の友だちが遊びに来た時、母はこの料理を作って出してくれたのですが、その友だちはいまだに「岸朝子の手料理食べたぞぉ！」って威張っています。

ポークチョップと粉吹きイモ

材料

豚ロース……厚切り2枚　塩、胡椒……各適量
トマトケチャップ……大さじ4　日本酒……大さじ1
ウスターソース……大さじ2　サラダ油……適量

作り方

❶豚ロースはそのまま焼くと縮むので、何カ所か筋切りをして軽くたたく。

❷豚肉に塩胡椒を振り、しばらく常温のままおく。

❸熱したフライパンにサラダ油をひき、豚肉の両面をこんがり焼き上げたら、日本酒とケチャップとウスターソースを混ぜたものを加え、蓋をして蒸し焼きにすれば出来上がり。

※付け合わせの「粉吹きイモ」は、食べやすい大きさに切ったジャガイモを塩少々を入れた水に入れて茹で、火が通ったら余分な水は捨て、さらに鍋をゆすりながら水分を飛ばす。ここにバターを加えてもほっくりして美味しい。
「ニンジングラッセ」を作る時は、鍋に水、塩、バター、砂糖を入れ、ニンジンがちょうど浸るくらいにする。火にかけ、柔らかくなったら余分な水を捨て、バターを足して照りを出す。

ソーキ骨の汁と雑煮

大晦日に母が徹夜ですべて作っていた我が家のおせち

祖父母の出身地・沖縄に「ヤアトゥスハリイトゥス」ということわざがあります。決まりを守らない家は栄えないといった意味です。

その教えをずっと守って、どんなに忙しくても母は毎年、大晦日には徹夜でおせちを作っていました。

子どもの頃の大晦日。私たちが寝る時にはなんにもなかったのに、元日の朝起きると部屋がきれいに片付けられてピカピカに光って。テーブルの上には、おせちの準備も揃って、まるで魔法のようでした。

三段重ねのお重の中には、黒豆、きんとん、焼き豚、ごぼう巻き、お煮しめ……それから「二色卵」や「リンゴかん」なども詰められていました。

お煮しめは、十一種類の材料を一種類ずつ味付けを変えながら別々に煮て仕上げたものであり、「二色卵」は、ゆで卵を白身と黄身に分け、それぞれに砂糖と塩と片栗粉を加えて二段に重ねて蒸したもの、「リンゴかん」は、すりおろしリンゴを砂糖と寒天で寄せたものです。

そういうおせち料理を、ずーっと長い間母が一人で全部作っていたのでした。

もちろん、母の晩年には私も手伝うようになり、外に住む孫たちも大晦日にやってきて、おせち作りのお手伝い。きんとんのサツマイモの裏ごし、里イモの皮むきなどのほか、コンニャクを〝手綱〟にしたり、梅ニンジンを作ったり……。母は、味と伝統を孫たちにも一生懸命伝えていました。

母亡き後、今おせち作りは私の役目。

長生きしてくれたおかげで、その継承はどうやら間に合ったようですが、自分でやってみて、母がいかに大変だったかが、よぉくわかります。

今でも、作っている時はいつも母の言葉が次々と聞こえてくるのです。

「ほら、三浦大根はすっと包丁が通る

代々伝わる岸朝子直伝のおせち

から違いがわかるでしょ?」とか、「煮物を作る時は、白いものから順番に」「小豆の茹で加減は小指と親指でつぶしてみてね」などなど。なんだか一緒に作っている気分になります。

そして、おせちと共に、私が大きな寸胴鍋で作るのを託されているのが「ソーキ骨の汁とお雑煮」。

母がずっと守り続けてきた、我が家のお正月には欠かせない味で、スペアリブを大根や昆布とじっくり煮込んだ沖縄料理です。

元日の朝は、東京風のすまし仕立ての雑煮(焼いた角餅に鶏肉、小松菜、焼きかまぼこ、柚子)をいただき、夕食時に皆が集まると、このソーキ骨の汁に焼いた餅を入れた雑煮をほおばるのが習慣でした。

家族が顔を見合わせながら「美味しいね」と言い合った幸せなお正月の風景がよみがえります。

ソーキ骨の汁と雑煮

材料

豚スペアリブ……500g　大根……1/2本
早煮昆布……4本　出汁の素……1袋(4g)
日本酒、塩、醤油、ショウガ……各適量　水……600ml

作り方

❶豚スペアリブは熱湯で一度茹でこぼし、血や汚れなどは洗い流しておく。

❷昆布は水で戻し、適度な長さに切ってしっかり結んで結び昆布を作っておく。

❸鍋に水と酒と共に①を入れ、柔らかくなるまで弱火で煮込む。沸騰させると汁が濁るので気をつけて。途中アクを取りながら1時間ほど煮る。

❹肉が柔らかくなったら結び昆布と面取りした大根を加え、塩と出汁の素を入れて、さらに煮込む。

❺最後に醤油少々で香りを付け、器に盛り付けたら、すりおろしたショウガをのせて完成。

※雑煮は、このソーキ骨の汁に焼いたお餅を入れて仕立てる。

おかかチャーハン

我が家の定番チャーハン

おかかと冷やご飯があればすぐできます。

お腹が空いたと言うといつでも母が手際よく作ってくれて、子どもの頃から本当によく食べたチャーハンですが、実は、祖母からずっと引き継がれているメニューでもあるのです。

昔、牡蠣養殖の研究をするための家を祖父が千葉の海辺に構えていて、いとこ達と共に私と弟は小学校が夏休みに突入するや、祖母に連れられ、毎年その家でひと夏を過ごすのが常でした。

海で泳いだりして真っ黒になって遊んできなさいね、と送り出されてはいたものの、四人きょうだいの小さい下二人が田舎に行ってくれるのは、忙しい両親にとってはきっと助かることだったのでしょう。

祖母は料理上手で、食事は大満足。

私たちが昼間海でアサリを取ってくると、それを美味しいおつゆに仕立ててくれたり、天ぷらや佃煮にもしてくれました。

祖父が作った庭の畑では野菜を栽培していて、もぎたてのキュウリやナスを使った料理もいろいろ味わいました。

そんな日々で、時折出てきたのが「おかかチャーハン」。

母もこれを食べながら育ったということが感じられて、ちょっと嬉しかったのを覚えています。

ただ、祖父も一緒に食べる時だけは、味がちょっと変わりました。祖父はアメリカ生活が長かったせいか、バターが大好きで、バターと刻みネギで炒めたチャーハンに醤油を少しだけかけて食べるのが好みなのでした。

辺りに漂うバターの香り。いかにも美味しそうに食べる祖父の顔。それらもまた遠い夏の日の記憶です。

おかかチャーハン

材料

冷やご飯、鰹節(パック入り)、日本酒、醤油、ごま油
……各適量

作り方

❶温めたフライパンにごま油をひき、ご飯をほぐしながら炒める。

❷軽く全体に油が回ったら鰹節を加え、酒と醤油をフライパンの縁から回し入れて全体によく混ぜる。

❸好みですりごまを加えたり、刻み海苔を添えたり、目玉焼きをのせたりしても。

※冷やご飯はそのままでもよいけれど、電子レンジでチンして温めておくと出来上がりが早い。

ミートソース

レストランも負けそうな母の自信作

母の作るミートソースは絶品でした。ある時、美味しい理由を尋ねたら、じっくり煮込んで煮込んで、余分な水分を飛ばし、具と脂がちゃんと分離するまで煮詰めるのがコツだと教えてくれました。

一度にたくさん作って、小分けにして冷凍。さまざまなメニューにアレンジされて食卓に登場していたものです。例えば、マッシュポテトと合わせたチーズグラタンや、ラザニア、ナスと一緒にムサカ……などなど。

学生時代、私の友人が家に遊びに来て、ご飯時にかかったので、たまたまいた母がこのミートソースを使って、ささっと「スパゲッティ・ミートソース」を出してくれたことがありました。

食べた友人が「ええっ、これ手作りですか！　美味しい！　今までミートソースというものは、お店で食べるものだと思っていたけど、でも！　家でも作れるものだったんだ」って、やたら感激していたことを思い出します。

ミートソース

材料

牛ひき肉……1kg　タマネギ……3個
ニンジン……1本　ニンニク……ひとかけ
トマト水煮缶……1缶　赤ワイン……1カップ
ウスターソース……少々　ローリエ……適量
塩、胡椒、サラダ油……各適量

作り方

❶フライパンに油をひき、タマネギとニンジンのみじん切りを入れ、焦がさないようにしながらしんなりするまでよく炒めておく。

❷深鍋に油と刻んだニンニクを入れ火にかけ炒める。ニンニクの香りが立ってきたらひき肉を加え、塩胡椒をしてパラパラになるまで炒める。

❸そこに①のタマネギとニンジンを加え、赤ワイン、トマト水煮缶、ローリエも一緒に煮込んでいく。

❹アクを取りながらじっくり煮込み、余分な水分が飛んで脂が分離してきたら、ローリエを取り除き、塩胡椒とウスターソースで味付ける。

ネギワンタン

子どもの頃は餃子、大人になったらネギワンタン

小さい頃、母が「今日は餃子よ」と言うと、私たち子どもは皆張り切って手を洗い、エプロンまでして準備完了。というのも、母が作った具を皮に包むのは子どもたちの仕事だったからです。ワイワイ言って手を動かしながらも、それぞれの個性が垣間見えます。欲張って具を入れ過ぎて皮を二枚使ったり、細長いのあり、丸いのありと、いろいろでした。不揃いだったので、焼いてくれる母は大変だったでしょうが、自分で包んだ餃子の味はまた格別でした。

そんな思い出が、このネギワンタンを食べるたびに懐かしくよみがえってきます。

実は、このネギワンタン、東京・港区青山にある「ふーみん」の名物料理です。作り方を教えてもらったら、いつのまにかすっかり我が家の定番になってしまいました。母特製のあの万能ダレ（Ｐ99参照）との相性もばっちり。

食欲のない時にも頼りになる一品。知り合いが入院して食欲がないと聞いた母が、

早速これを作ってあげたら、たくさん食べてくれたんだそうです。とにかく、ツルンと喉を通るので食も進むのです。

包んだワンタンが残るようなら油で揚げておつまみに。肉の代わりにエビをたたいたものとか、白身のお魚を利用しても美味しいです。

ネギワンタン

材料

豚ひき肉……200g
ネギ(みじん切り)……30g
ワンタンの皮……30枚
おろしニンニク……少々
おろしショウガ……小さじ1
紹興酒……小さじ1
鶏がらスープの素……適量
塩、胡椒……各適量

作り方

❶みじん切りのネギ、ひき肉、鶏がらスープの素、紹興酒、おろしたニンニクとショウガ、塩、胡椒それらすべてをよく混ぜておく。
❷混ぜた①の具をワンタンの皮に包む。
❸包んだ②を沸騰したお湯に入れて茹でる。浮かび上がってくればOK。
❹皿に盛り、万能ダレ(P99参照)を回しかける。彩りにカイワレや白髪ネギを散らしても。

※具にタケノコやシイタケのみじん切りを加えるなど、アレンジしてもよい。

サーモンリエット

母がフランス料理教室で覚えてきた美味なるリエット

北海道の知り合いから大きな鮭をいただいたことがありました。手際よくさっとさばいた母。頭の部分はかす汁に、真ん中はサーモンステーキに。それでもあまりの大きさで使いきれない。はて残りはどうしましょう……という時に、「そうそうあれがあったわ」と、母はあるレシピを引っ張り出してきました。

それは以前、母が体験した料理教室で習った「サーモンリエット」のレシピでした。「ご主人の転勤で日本に来て料理を教え始めたフランス人女性がいるんですけど、生徒さんがまだ少ないから岸さんもぜひ」と誘われて通い始めたのでしたが、結局、多忙な母はどうしても時間が捻出できなくなって、そのレシピ一つだけで後が続きませんでした。

このサーモンリエットは、そんないきさつで愛着もあり、またとても美味しい料理だったので、我が家の食卓にたびたび登場しました。

薄切りのトーストやバゲットにのせて食べると、たまりません。

残ったものは、ご飯と炒めてサーモンピラフにすると、これが絶品なのです。あるいは、熱々のスパゲッティに絡め、上からレモン汁を少し回しかけたりしたら、本当に美味しい！　そういう先々のお楽しみも考えて、いつも必ず多めに作っていたものです。

ところで、母がギブアップしたその料理教室ですが、先生への申し訳なさもあったのでしょう、すぐに「伸子、月謝払ってあげるから、あなたが代わりに通いなさい」と母は言い、慌ただしくも私は、その教室で簡単なフランス料理やお菓子などをいろいろ学ぶことに。

教わった料理やお菓子は家に帰ったらすぐに試作して母に食べさせるのがノルマではありましたが、料理好きの私としてはラッキーな体験でした。

サーモンリエット

材料

生鮭……200g
スモークサーモン（切れ端で十分）……120g
塩、胡椒……各適量　無塩バター……100g
オリーブオイル……大さじ2　炒め用バター……少々
パセリ……適量
ブランデーまたはリキュール……大さじ2
クールブイヨン（くず野菜とブーケガルニを煮立て一晩おいたもの）……適量

作り方

❶生鮭は煮立てたクールブイヨンで湯がき、皮と骨を取り除いて、一口大に切る。それをオリーブオイルで軽く炒め、ブランデーで香りを付け、冷ます。

❷スモークサーモンも一口大に切って、炒め用バターで軽く炒め、粗熱を取る。

❸室温に戻した無塩バターに①②の鮭を加え、フードプロセッサーにかけるか、すり鉢ですり合わせる。最後にみじん切りのパセリを加え、塩胡椒で味を調えて器に詰める。一晩冷蔵庫で寝かせて完成。

アリゴ

ビョーーンと伸びる楽しいマッシュポテト

ジャガイモが好きだった母が、大きな鍋にいっぱい作ってくれた料理。もともとアリゴとは、フランスの田舎に昔から伝わる郷土料理なのですが、チーズがたっぷり入るのでビョーーンと伸びるのも楽しいマッシュポテトです。

スライスしたバゲットにこんもりとのせながら大きな口を開けて食べます。ビョーーンとした伸び方がユーモラスで、食卓には笑い声が絶えませんでした。

材料に塩は不要。「チーズとバターの塩分だけで十分、美味しい味が出るのよ」と、母は言っていました。

お肉の付け合わせにしたり、野菜のディップにしたりと、いろいろ楽しめます。ニンニクを利かせるのでワインのお伴などにもピッタリ。

オーソドックスな味のほか、生クリームを加えたり、ワインを少々加えたり、またカレー風味にしても美味味です。

アリゴ

材料

ジャガイモ(メークイン)……300g
ニンニクすりおろし……小さじ1　牛乳……100ml
バター……30g　オリーブオイル……小さじ1
とけるチーズ……150g　黒胡椒……適量

作り方

❶ジャガイモは茹でてバターを入れたボウルに移し、牛乳を少々加えてしっかりつぶしておく。

❷小鍋にオリーブオイルとニンニクを炒め、そこに残りの牛乳ととけるチーズを加えよく溶かし、最後に①を加えて練り上げる。焦げやすいのでよくかき混ぜること。

❸仕上げに、黒胡椒を振りかけて。

※市販のマッシュポテト粉を使っても簡単にできます。

あっこさんのビーフシチュー

母自慢の味は、ほっぺが落ちるほど美味しい

母の得意中の得意料理。

母は、孫が生まれた時、「おばあさま」と呼ばれたくなかったようで、孫には「あっこさん」と呼ばせるようになりました。それ以来私たちも「おかあさん」ではなく「あっこさん」と呼ぶようになったのです。

このビーフシチューは、あまりの美味しさゆえ、そのへんのビーフシチューとは一線を画すという意味でも「あっこさんのビーフシチュー」と名付けられていました。

我が家自慢のこのシチューは、デミグラスソース味ではなくトマト味。肉の塊だけが大きいのではなく、ジャガイモやニンジンなどの具もみんな大きめです。

大きな寸胴鍋でコトコト煮込む冬場のお楽しみ。

父がいつもホロホロと崩れる牛肉と共に、野菜も丁寧につぶして食べていたのを思い出します。

あっこさんの
ビーフシチュー

材料

シチュー用牛肉……1kg　タマネギ……2個
ニンジン……2本　ジャガイモ……人数分
セロリ……1本　ニンニク……ひとかけ
ローリエ……2枚　コンソメキューブ……2個
塩、胡椒……各適量　トマト水煮缶……1缶
トマトジュース……200ml
トマトケチャップ……大さじ2　水……800ml

作り方

❶牛肉は適当な大きさに切って塩胡椒し、ニンニクと共にフライパンでしっかり焼き目を付けておく。

❷タマネギ2個は薄くスライスし、寸胴鍋で焦がさないようにしながら、しっかり炒める。

❸そこに①の肉を入れ、水を加えてアクを取りながら1時間煮込む。

❹肉が柔らかくなったら、皮をむいたジャガイモはまるごと、ニンジンは大きめの乱切りに、セロリは好みの大きさに切り葉っぱも一緒に鍋に加え、トマト水煮缶、トマトジュース、コンソメキューブ、ローリエを入れて、弱火でコトコト沸騰させないように煮込む。

❺最後にローリエを取り除き、塩胡椒とケチャップで味を調える。

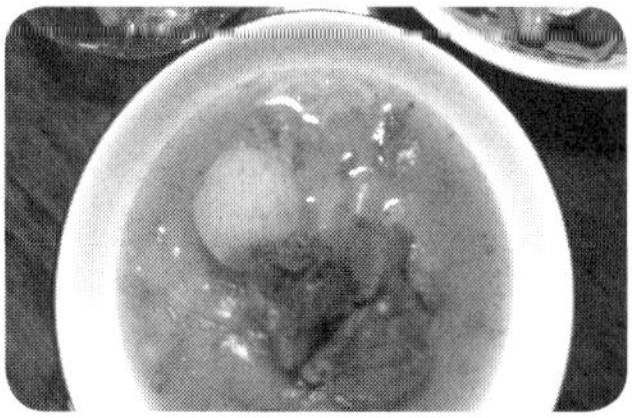

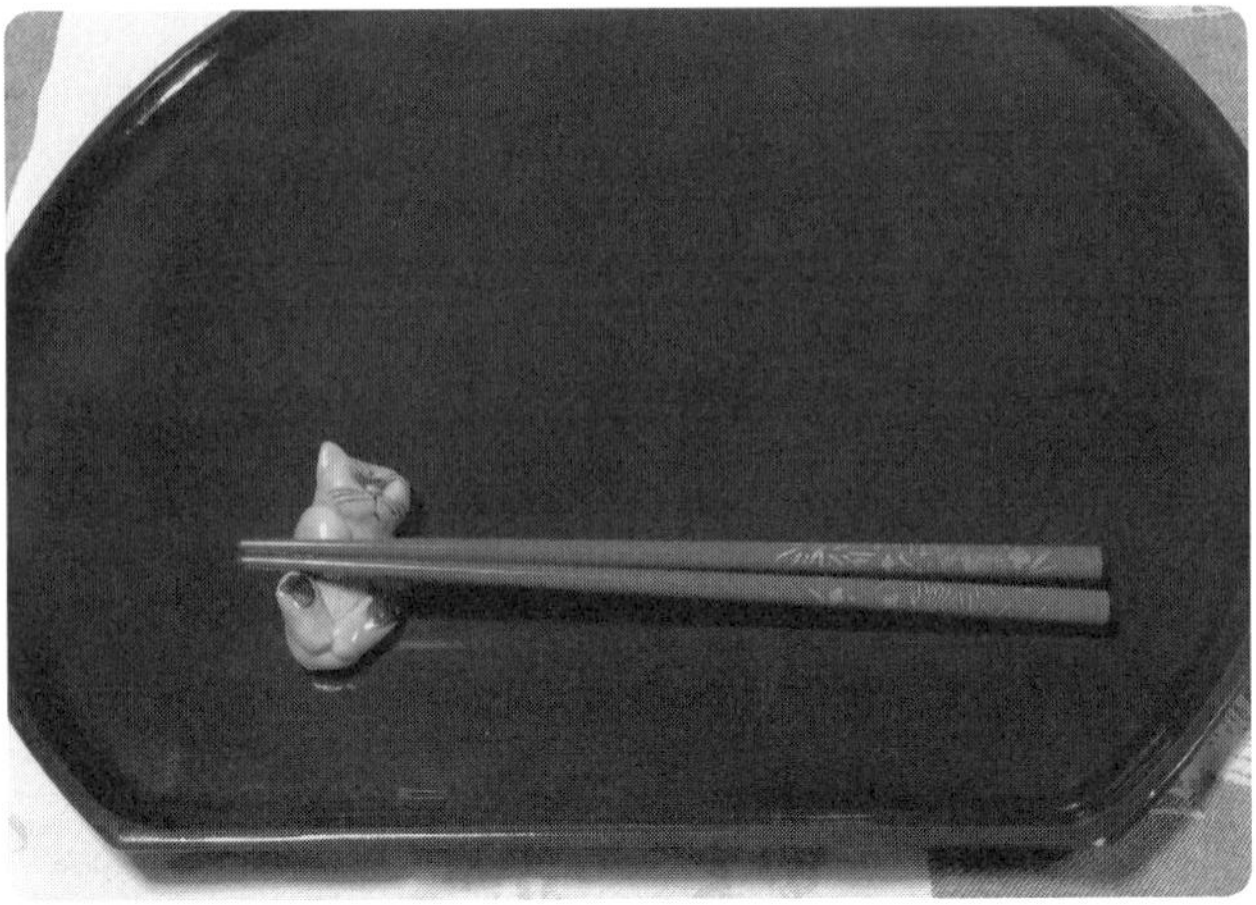

⬆毎年2月に食のイベントで金沢に行くのが慣例だった母は、輪島塗、金箔模様など美しくて使いやすいお箸を、自分のも含め家族にもよく買ってきていました。写真は、母が長く愛用していた輪島塗の箸。箸置きは、母が尊敬する料理家・阿部なをさんのご子息・阿部和唐さん作のもので、ユニークな猫のシリーズがお気に入りでした。

⬆母は気に入った意匠のぐい呑みをたくさん集めていました。取材であちこちへ出かけた際などに見つけては購入。家で飲むことはほとんどなかったので、お客様がいらしたときのためでもありましたが、親しい人には「私が死んだら形見にあげるからね」と約束をしていたようです。四十九日後、一つずつラッピングして約束をしていた方々に配りました。

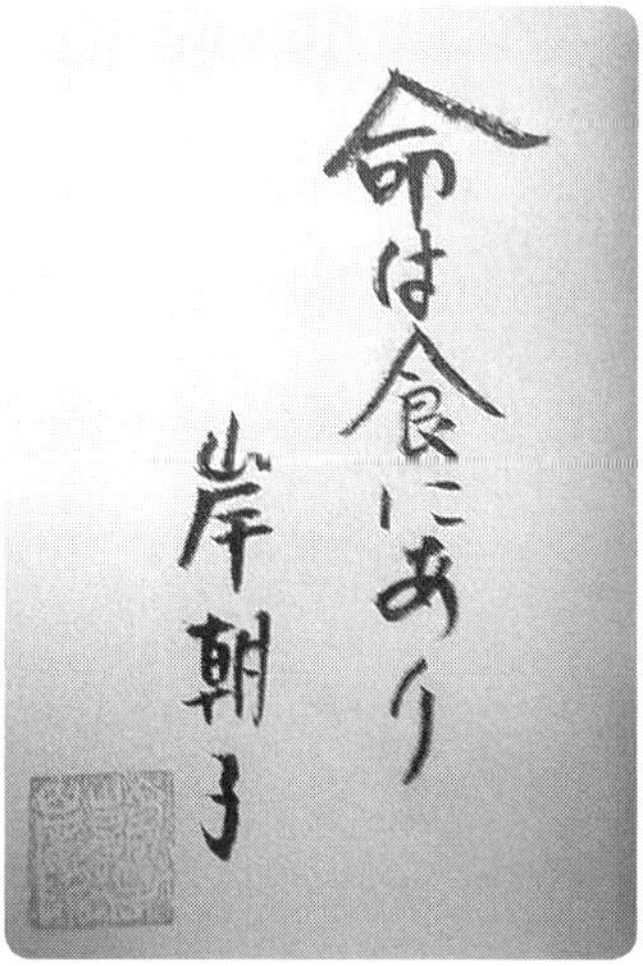

←テレビに出るようになってからは、サインを頼まれることも多く、常にバッグに筆ペンを入れておくようにしていました。頼まれるとよく書いていたのがこの言葉。母が尊敬していた香川綾さん（女子栄養大学創設者）の言葉で、母の信条でもありました。

おわりに

母は毎日、身なりの整えにも、とても心を配っていました。

朝、起きたら最初に鏡を見ました。ぼさぼさの髪、はれぼったい目、時には赤く充血していることもあるので、まず確認しなくちゃ、と。その後すぐに朝風呂に入ってさっぱりすっきり。そうして身支度を整えてから、薫り高いほうじ茶を仏壇の仏さまに供えて線香を上げるのが母の一日の始まりでした。

休日もクタッとした姿ではいません。宅配便の人や町内会の連絡の人などが不意に来ることもあるのに備えて、必ず口紅くらいはつけておくのが習慣でした。

こうしたルーティンは九十歳を超えても終生変わることはありませんでした。

食事法だけでなく、母は、心と身体を健やかに保つための大切な心得も、身をもってさまざまに伝えてくれていたのだ――ということに、今さらながら気づかされます。

そういえば、母が何かにつけよく言っていた口癖は、

「なんくるないさ」

というものでした。祖父母の出身地・沖縄の方言で「なんとかなるさ」という意味。人生を大らかに渡っていく魔法の言葉です。

母が長生きできたのも、何事につけクヨクヨと気に病んだりはしない性格にきっとあずかっていたのではないかと思います。

夜寝る時、私たち子どもは「布団に入ったら、なんにも考えないで寝なさいね」と、母からよく言われたものです。

暗い所で考え事をしてもロクなことはないのだ、と。それが母の持論でした。

「考え事は明るくなったら、明るい場所ですること」

子どもたちはそう教えられ、母自身もそれをずっと死ぬまで実行していました。そうしたストレスを溜めない知恵も、長寿の秘訣の一つに数えられるかもしれません。

本書は、高齢者の食事作りのハウツー本ではありますが、ユニークな手法や役立つアイデアなどの合間から、母・岸朝子の生き方や心意気までも、くみ取っていただけたら幸いです。

最後まで好きなものを食べて笑っていた母のように、長寿を元気にエンジョイする方が、なお一層増えますことを心から願っています。

岸　伸子

〈著者プロフィール〉

岸 伸子（きし・のぶこ）

岸家の三女として東京に生まれる。

父の没後20年以上、母・朝子と同居をしながら料理のいろはを学ぶ。

高齢になっても食の満足度を上げるために工夫を凝らす母の姿を、そばでつぶさに見てきた。

料理は一期一会。その日の気分にあわせて調味料や材料を入れることで、その日にしか楽しめない料理になる、「てーげー」（沖縄の言葉で、いい意味での〝いい加減〟）の精神を母から教わる。

レストラン業界での社内報編集、商品開発など食関連の仕事を経験した後、現在はパンの情報を専門に扱う新聞社で働いている。

母・岸朝子が楽しんだ90歳のごはん

2019年11月25日　第1刷発行

著　者　岸 伸子
発行者　見城 徹

GENTOSHA

発行所　株式会社 幻冬舎
〒151-0051　東京都渋谷区千駄ヶ谷4-9-7
電話　03（5411）6211（編集）
03（5411）6222（営業）
振替　00120-8-767643
印刷・製本所　株式会社 光邦

検印廃止

ISBN978-4-344-03539-3　C0095
幻冬舎ホームページアドレス　https://www.gentosha.co.jp/

この本に関するご意見・ご感想をメールでお寄せいただく場合は、
comment@gentosha.co.jpまで。